穿行诗与思的边界

Abwesen
Zur Kultur und Philosophie des Fernen Ostens

Byung-Chul Han

不在场

东亚文化与哲学

[德]韩炳哲 著
吴琼 译 毛竹 校

中信出版集团｜北京

图书在版编目（CIP）数据

不在场：东亚文化与哲学 /（德）韩炳哲著；吴琼译 . -- 北京：中信出版社，2023.7
ISBN 978-7-5217-5756-9

I. ①不… II. ①韩… ②吴… III. ①文化史－研究－东亚 ②东方哲学－研究－东亚 IV. ① K310.03 ② B31

中国国家版本馆 CIP 数据核字（2023）第 092950 号

Abwesen. Zur Kultur und Philosophie des Fernen Ostens. by Byung-Chul Han
© 2007 Merve Verlag Berlin
Simplified Chinese translation copyright © 2023 by CITIC Press Corporation
ALL RIGHTS RESERVED
本书仅限中国大陆地区发行销售

不在场：东亚文化与哲学

著者： [德] 韩炳哲
译者： 吴 琼
校者： 毛 竹
出版发行：中信出版集团股份有限公司
（北京市朝阳区东三环北路 27 号嘉铭中心 邮编 100020）
承印者： 嘉业印刷（天津）有限公司

开本：787mm×1092mm 1/32　　印张：5.25　　字数：87 千字
版次：2023 年 7 月第 1 版　　印次：2023 年 7 月第 1 次印刷
京权图字：01-2022-6179　　书号：ISBN 978-7-5217-5756-9
定价：68.00 元

版权所有·侵权必究
如有印刷、装订问题，本公司负责调换。
服务热线：400-600-8099
投稿邮箱：author@citicpub.com

这个故事源自中国，讲的是一位老画家，向朋友们展示他最新的画作。画中描绘的是一个园子，一条小径依水而行，穿越一片郁郁葱葱，尽头是一扇小门，通向一间小小的房舍。然而，当朋友们回头找寻画家时，他却飘然离去，现身于画中。他沿着那条小径漫步至门前，默然驻立，转过身微微一笑，便消失在门隙之中。

——瓦尔特·本雅明

目 录

前　言　　1

本质与非本质——**无住**　　3

封闭与开放——**不在场的空间**　　31

光与影——**不在场的美学**　　45

智与愚——**在通往天堂的路上**　　65

陆地与海洋——**思维策略**　　79

作为与发生——**超越主动与被动**　　103

问候与鞠躬——**友善**　　125

注　释　　139

附录　韩炳哲著作年谱　　153

Vorwort

前　言

> 有一个国度，在那里，一个人口称"我"，便很快沉没于大地。
>
> ——埃利亚斯·卡内蒂

在西方，陌生者（das Fremde）在很长一段时间里都是被全力排除或强制利用的对象，它未曾现身于本己的内在之中。那么如今呢？如今还有陌生者吗？现在人们乐于相信，大家基本上都一样。如此一来，陌生者就再次从本己的内在之中消失了。也许，相信确实有那么一个国度并没有什么坏处，"在那里，一个人口称'我'，便很快沉没于大地"。在自我身边为陌生者保留一个空间是非常有益的，这或许可以表达出一种友善，从而使人们有变得不一样的可能。西方文化遵循的是本质，而本书为您介绍的是一种陌生的文化，一种"非本质的文化"（Kultur des Abwesens，或译"不在场的文化"），对于西方文化熏陶下的居民来说，这种陌生的文化会显得非常奇妙。

Wesen und Abwesen–Nirgends wohnen

本质与非本质
——无住

善行无辙迹。

——老子

有趣的是，德语中的"本质"（Wesen，古高地德语：wesan）一词，最初的意思是在一个地方逗留、停留、持家、栖居以及持续。罗马神话中的灶神维斯塔（Vesta）也拥有同样的词源。本质指向房屋与家务、财富与家业、持续之物与稳固之物。本质即居处（Bleibe）。房屋守护着家业和财产。本质之中蕴含着房屋的内在性。亚里士多德用ousia来指称本质，这个希腊语单词最初的意思也是财产、房产，以及地产。本质这个概念集合了同一性、持续性与内在性、栖居、逗留以及占有等诸多内涵，它主导着西方的形而上学。对于柏拉图来说，美的东西是同一的、不变的、持续的东西，美者即"美本身，是那个在自身上、在自身里的永远是单一形式的东西"（《会饮篇》，211b）[1]。柏拉图笔下一心向往神性之美的爱神厄洛斯（Eros），是机遇与造物之神波洛斯（Poros）的儿子。Poros一词用作复数名词时也表示收入和金钱。Poros的字面意思是"道路"，它必须通往"占有"。这条目标明确的道路完全服务于占有之意向性。如果它不通往绝对的占有，就会陷入窘困。按照柏拉图的说法，因为其父亲的缘故，厄洛斯本人就是一个"强大的猎人"。权力和占有赋予他灵魂。对他来说，存在即欲求（Begehren）。

本质即实体（Substanz）。它存在着。它是不变之物，坚持在自身之中作为始终如一之物经受变化，从而区别于他者。拉丁语中的动词 *substare*，是名词 *substantia*（物质）的来源，"经受"是它的含义之一。*stare*（站立）也用来表达"坚持"之意。基于它的实体性、本质性，"一"（das Eine）经受他者，坚持自我。实体性是一种对自我的坚定（Standfestigkeit）与决断（Entschlossenheit）。唯有立足于安

---

[1] 译文参照柏拉图：《会饮篇》，王太庆译，商务印书馆，2013年，第65页。（本书脚注均为译者注）

全、稳固之处并坚持自我的人，才能经受他者。本质即居于自身、与他者相区隔的同一者。就其本质或实体而言，其努力（Streben）是面向本己的。希腊语中 hypostasis 不仅意味着"本质"和"基础"，也意味着"经受"和"坚定"。stasis 除了表示"站立"、"立足"或"立足之处"之外，也有"起义"、"不和"与"争执"之意。就其根源而言，本质与友善全无关系。只有对自我极有决断、坚持自我、始终居于自身之物，即具有本质之内在性者，才会陷入与他者的冲突、争执之中。对自我的决断是本质的基本特征，没有它就不可能有争执。也唯有能在他者之中完全维持自我的人，才拥有力量。在本质这一形象中对力量是有所预示的。基于这种预示，以本质为依归的文化或思想不可避免地发展出一种对自我的决断，其表现就是对力量和占有的欲求。

莱布尼茨在《单子论》中对本质以及实体进行了透彻的思考。单子呈现出本质的逐渐成长和圆满。单子完全居于自身，没有与外界的交流。因此，单子"没有可以让某种东西进出的窗户"（《单子论》，第 8 节）。这种完全的封闭性与无窗之房屋的那种彻底的内在性相关联。单子唯一的活动就是对自我的努力，自我作用，对自我的冲动，即

"欲求"（Appetition）。引领单子内在生命的只有"欲求"（Appetit），即"知觉"（Perzeption）。虽然单子是一面"宇宙之镜"（《单子论》，第83节），但是它反映宇宙的方式并非无我地献身于物。相反，它将宇宙表象出来或说表达出来。单子不是被动的，而是主动的或富于表现力的，即"有表达力的"。莱布尼茨所说的灵魂是"活的镜子"，是欲求之地，宇宙只是其欲求的客体。单子之所以知觉到宇宙，是因为它对宇宙有欲求，这种欲求才让世界是特别的。此在即欲求。没有欲求就没有一切。因此，"无"（Nichts）比此在"更简单、更容易"。为了存在于此，就必须努力、投入："因此，一切皆可能存在……"[1] 拉丁语动词词组 *desiderativum "Existiturire"*（意欲存在，德语：sein-wollen）道出了"向着生存的努力"（*conatus ad Existentiam*）之态。在场者于其在场之中是有需求的，即"想要的"。将生存（Existenz）点化为需求（Exigenz）的正是灵魂。生存其实就是需求。存在的根由是"意欲"，尤其在现代，这种意欲的特点是"自我意欲"。带着意欲或说自我意欲的心情，每一个在场者都有亟待获取的东西。

尽管海德格尔努力想超越形而上学思想，一再试图接近东亚思想，但他始终还是一位研究本质、家宅与栖居的哲学家。他虽然告别了一些形而上学的思维模式，但本质这一形象始终主导着他的思想。他使用"本质"一词的频率几乎可以用过度来形容。本质的基本特征如站立、坚定、同一或持续等都在海德格尔这里不断重复出现，虽偶有改动，但不离其宗。"坚定"、"对自我的决断"、"自身的持续性"或者"自-立"等语汇主导着他在此在分析中的语言表达。他也将争执与本质放在一起思考："在本质性的争执中……争执者双方互相进入其本质的自我确立中。"[1][2] 正如前文所说，希腊语中争执（stasis）的尺度恰恰蕴含于本质（hypostasis）之中。不仅仅是争执，就连海德格尔反复用到的对话之形象也以本质的一个载体——在场者（An-Wesender）为前提，即一个有立足之处或立足点的、与自身相同一的、保持不变的人或个体。对话的参与者必须特地在场（eigens anwesend））。根据海德格尔的说法，爱也在于帮助他者实现其本质："创造爱情吧！对爱情最深刻的解释，很可能是在奥古斯丁的一句话中，叫作 *amo volo ut sis*，我爱，意味着我要

---

1 译文引自《海德格尔文集：林中路》，孙周兴译，商务印书馆，2015年，第38页。

爱人如其所是，保持本色。爱是更深层意义上的'让存在'（Seinlassen），依此意义，这种'让存在'唤起本质。"[1][3]

从词源上看，汉语中表示存在的"有"字展现的是一只手拿着一块肉。除了存在之外，"有"字还表示拥有、占有。然而，代表需求和欲求的存在并未主导中国人的思想。中国式思想的精髓恰恰是清心寡欲。为了表达出生存其实并非需求、执着与栖居，道家使用了一连串的否定。圣人"游于无有"（《庄子·应帝王》）。庄子也谈到"游于淡"[4]。老子也同样用"无"来否定"物"，"无物"（Nicht-Wesen）（《老子》第14章）或说"非—本质"（Ab-Wesen）回避一切实质性的确定。因此，"无物"便与"漫游"、"无住"（Nicht-Wohnen）相关联。圣人游于"无门无房"（《庄子·知北游》）。他被比作一只没有巢穴的鹌鹑，即没有固定的居处。[2]他"鸟行而无迹"（《庄子·天地》）。道家的漫游肯定与佛家的"无住"不完全一样。但不在场的否定性将两者联系在一起。[5]日本禅师道元也教导人们"无住"（Nirgends-Wohnen）："禅僧应

---

1 译文参照《海德格尔文集：讲话与生平证词（1910—1976）》，孙周兴、张柯、王宏健译，商务印书馆，2018年，第673页。
2 本书所有关于《庄子》的白话文解读均参考陈鼓应：《庄子今注今译》，中华书局，2020年。

如浮云无定所，如流水无常形。"[6]

善于行走的人，不留痕迹（"善行无辙迹"，《老子》第27章）。[1] 痕迹有其确定的方向。它指明行为人及其意图。老子笔下的漫游者则没有任何意图，他去向无处，他"没有方向"（"无方"，《庄子·应帝王》）。他与道路浑然一体，那条路也通往无处。痕迹只产生于存在。东亚思想的基本概念不是存在，而是"道"。道丝毫没有存在与本质的那种强度，无法产生痕迹。没有任何可以让痕迹得以产生的"存在与本质之稳定性"。同时，也没有任何目的论强迫它沿直线前进。此道非前文所说的波洛斯。因此，它既摆脱了可能的占有，也摆脱了让人难以接受的窘困。最关键的就是存在与道路、栖居与漫游、本质与非本质之间的差异。人们必须将此种差异的诸多变化及所有后果参透。与存在相反，道不允许任何实质性的封闭，其无尽的过程性阻止某些东西存在、执着或坚持。如此一来，就没有形成任何固定的实体。灵魂也是执着的。灵魂在某种程度上就是由痕迹构成的。不在场磨灭了灵魂。不在场的里面是"空"。庄子这样表述

---

1 本书所有关于《老子》的白话文解读均参考陈鼓应：《老子今注今译》，中华书局，2020年。

不在场中的漫游:"在那里,所有的区别都消失了。我的心志寥廓,不知道要到哪里去,去了又来却不知道要在哪里停止,我来来往往却不知道哪里是终结。"[1][7]

漫游者无所住。建议名为"天根"(Himmelsgrund)的咨询者在"无有"(Nicht-Sein)中漫游的人物叫作"无名"(《庄子·应帝王》)。名字使一个人成为被强调的某个人。相反,圣人是没有名字的("圣人无名",《庄子·逍遥游》)。他是"没有我"(ohne Ich,"无己"或"无我")的。这种不在场的概念不仅仅是道家的标志,它也存在于儒家思想中。《论语》有云:"子……毋我。"[2] 此处罕见地使用了否定助词"毋"来否定"我",它向来是用来否定动词的。如此一来,它就在否定"我"的同时,也把"我"动词化了。夫子"不我"(ichte nicht)。他没有拿任何东西来充当"我"的内容。

表示存在的"有"字,也就是拿着一块肉的手,从另一个角度来看,显得颇为平淡无趣。按照它的意思,存在

---

[1] 《庄子·知北游》:"……异名同实,其指一也。……寥已吾志,无往焉而不知其所至,去而来不知其所止。吾往来焉而不知其所终。"

[2] 《论语·子罕第九》:"子绝四:毋意、毋必、毋固、毋我。"

所需无非一块肉而已。"自我养育"（Sich-Nähren）实际上是一种缺乏诗意的举动。它不是"有需求的"。它缺少欲求中的那份执着。庄子甚至将衣、食视为人类必须回归的自然属性。（参阅《庄子·马蹄》）[1] 腹不欲。欲求建立在区分的基础之上。[8] 会区分并由此而去追求某种特定之物的不是"腹"，而是"味"。因此，老子主张："虚其心，实其腹。弱其志，强其骨。"（《老子》第3章）

仅仅实现饱足与强健当然不是道家的理想。无论"腹"还是"骨"，都有其象征意义。它们是"无—分别"（In-Differenz）的器官。另一方面，道家并不奉行苦行之理想。因此，"虚心"与"饱腹"并不相斥。苦行主义的决断和忍耐正是建立在诸多欲求的基础上。因此，庄子也排斥苦行者和遁世者。在《老子》第55章中，骨还有另一重象征意义。此处，老子将圣人比作"骨弱筋柔"的初生婴儿。骨之弱、筋之柔与本质之坚定形成对照，正是在这份坚定中，本质经受、抵抗他者。老子甚至可能会说：圣人如水般无骨。

在《老子》第12章中，腹也成了不—欲求、不—区分

---

1 《庄子·马蹄》："彼民有常性，织而衣，耕而食，是谓同德。……同乎无知，其德不离；同乎无欲，是谓素朴。素朴而民性得矣。"

的器官:"缤纷的色彩使人眼花缭乱;嘈杂的音调使人听觉不敏;丰盛的饮食使人舌不知味;……因此,圣人但求填饱肚子……"[1] 老子的这一主张,令人联想起临济义玄禅师那段颇具挑衅意味的箴言:"饥来吃饭,睡来合眼。愚人笑我,智乃知焉。"[9] 道元禅师在《正法眼藏》中也有言:"盖佛祖屋里,茶饭是家常也。"[2][10]

存在比不—存在更辛苦,至少在这一点上,老子会和莱布尼茨达成一致。费力、操劳之人留于存在之中,不—存在作为极精微、极奇异之物("妙"),只向"不勤"(Nicht-Mühen)(《老子》第6章)展开。不在场的"虚"将"某人"(Jemand)变成"无人"(Niemand)。无人通过其不在场而熠熠生辉。为了指称不在场的清空(entleeren)作用,庄子不仅使用"虚",还使用"空":"光耀问无有说:'先生是有呢?还是没有?'无有不回答。光耀得不到回答,就详细地观看它的状貌——空虚的样子,整天看它却看不见,听它却听不到,摸它却摸不着。光耀说:'这是最高的境界

---

1 《老子》第12章:"五色令人目盲,五音令人耳聋,五味令人口爽……是以圣人为腹不为目,故去彼取此。"
2 译文引自道元:《正法眼藏》,何燕生译注,宗教文化出版社,2003年,第491页。

了！谁能够达到这种境界呢？'"[1][11] 将一个人变为某人的正是欲求。被强调为某人的人，是无法去漫游的。某人栖居。唯有将自己清空为无人的人，才能漫游。漫游者无我、无身、无名。如此一来，他便忘了自己（"忘己"，《庄子·天地》）。他"无欲"（《老子》第37章）、"无执"（《老子》第6章）。因此，他也没有留下辙迹。只有在存在中才能形成辙迹，那是欲求与执着的印痕。然而，圣人不触碰存在。

作为非本质，道家的"虚"不允许人们对它进行任何纯功能性的解读。它也将思考置于超越功能性计算的地位。《庄子·刻意》中说道："恬惔寂漠，虚无无为，此天地之平。""虚"字在"虚无"一词中没有功能性意义。诚然，为了形象地说明"虚"（Leere）、"无"（Nichts）和"无为"（Nicht-Tun），老庄也在一些例子中对"虚"和"无"进行了功能性阐释[12]，但功效理念并非"虚"之精髓。相反，弗朗索瓦·于连（François Jullien）却几乎仅从功能角度去阐释这些概念："剥去所有神秘主义的外衣（其本意也并非

---

1 《庄子·知北游》："光曜问乎无有曰：'夫子有乎？其无有乎？'光曜不得问，而孰视其状貌，窅然空然，终日视之而不见，听之而不闻，搏之而不得也。光曜曰：'至矣，其孰能至此乎？'"

制造神秘),老子所推崇的回归虚空,是要求人们去解除封锁,每一个现实之物,只要它已饱和,找不到一丝空隙,就势必会遭受封锁。当一切都被填满,就没有了回旋余地;当所有的虚空都被消除,容许功效自由发挥的回旋余地也就被破坏了。"[13]

庄子笔下那个貌丑而跛足之人的故事倒是颇符合功效理念,他因残疾而不必服兵役,还获得国家发放的丰厚救济品。庖丁解牛的故事无疑也具有功能视角,他轻松地分解动物,因为他并非用力劈砍,而是让刀刃在关节之间已经存在的缝隙间游走。他只需花费很小的力气,就让动物仿佛自行分解一般,一块块儿掉落下来。"无为"提高了行动的功效,这就是对无为的功能性阐释。庄子还讲述了一个关于弯曲而多疖的大树的故事,也可以作为功利主义的注脚。这棵大树因其"无用"而得以长寿,益处的不在场却又给它带来了益处。然而,如此多的跛足之人、无用之物接连出现在庄子的故事中,却将功能性本身也引入虚空,将思想提升至超越功效的层面。庄子笔下独腿、驼背、畸形、断趾、断脚之人频现,所针对的恰恰是对益处和功效的忧心。

无论老子还是庄子都极力反对一切"意欲有效"

(Wirkenwollen)。乍看上去,《老子》第 68 章和第 69 章貌似也都是关于功效与无为的。老子在第 68 章中有云:"善胜敌者,不与。"弗朗索瓦·于连纯粹从战略角度解读此句。圣人不费力去催逼效果,而是任其发生。他能"轻而易举地利用他人的能量"[14]。针对第 69 章,于连也进行了纯功能性的阐释:"老子将这一原则应用于战略之中:善为者不'武',正如王弼在《老子注》中所解读的那样,他(善为者)不涉险,不攻伐。换言之,'有能力战胜敌人的人,不会发起与对方的战斗'。"优秀的统帅只负责不为敌人形成进攻点。虽然他也向对手施压,但"从未将压力完全具体化"。明智的战略家只注意不为敌人提供任何抓手:"《老子》中运用到一系列自相矛盾的表述来说明……:'虽然有阵势,却像没有阵势可摆;虽然要奋臂,却像没有臂膀可举;虽然面临敌人,却像没有敌人可赴;虽然有兵器,却像没有兵器可持。'(《老子》第 69 章)"[1][15]

有趣的是,于连在他的解读中并未提及第 69 章最后也是最重要的一句话,即"哀者胜"。老子的这一结语相当出

---

1 《老子》第 69 章:"是谓行无行,攘无臂,扔无敌,执无兵。"

人意表。它几乎迫使人们对这一章进行全然不同的解读。即便是推崇谋略、迂回之功效的军事家孙子,也从未将"哀"字列入任何作战指南和作战策略中。此处所说的"胜",并非可以归功于某种特定作战策略的现实的胜利,它更多是指一种超越胜负之分的胜。"哀"字被老子使用了两次,另一次在第31章。有趣的是,这一章也是关于战争的。然而,于连并没有提及此章,理由很简单,老子在这一章中谴责一切使用武器的行为,不是因为明智的统帅不战而屈人之兵,而是纯粹出于仁爱之心。在发生不幸之事时以及葬礼上,人们以左侧为尊。战斗中得胜之人必须居左而立。[1] 胜者站位必须遵循哀礼。他必须"悲"、"哀"和"泣"。[16]

无论道家思想还是佛家思想,都质疑一切存在的、与世隔绝的、坚持在自身之中的实体性的封闭。不在场的作用是清空、去实体化,这一概念需要从主动意义上去理解。就此而言,佛家的空和道家的虚无疑有着极深的渊源。两者都使"心"不在场,把"我"清空为"非我"、"无人"和"无名者"。这种"心之虚"摆脱了功能性阐释。庄子借由"虚"

---

1 《老子》第31章:"吉事尚左,凶事尚右。偏将军居左,上将军居右。"此处原书引文"左""右"颠倒,或为作者所参考译本之疏漏。

字所表达的主要就是这种非需求性的存在,是"不在场"。镜子的形象也指向不在场。庄子的空镜与莱布尼茨那面被赋予了灵魂的镜子截然不同。前者不具备有需求的内在性,没有欲求。它不渴求,也不执着于任何事物。它是空的、不在场的。因此,它任由映照之物来来去去,与它们同行而并不先行。如此一来,它自己也不会迷失:"至人用心犹如明镜,任物来去而不加迎送,如实反映而无所隐藏。……他不是智慧的主宰。他体会着无穷的大道,游心于寂静的境域,承受着自然所赋予的本性而不自我夸称。"1[17]《庄子·天道》中也运用了镜子这一比喻:"万物不足以搅扰内心才是清静。水清静便能明澈照见须眉。……水清静便明澈,何况精神呢!圣人的内心清静,可以比作天地的镜子。"2[18]禅宗佛教也喜欢利用镜子的形象。它所表现的是"无心"状态的不执着:"(菩提本无树,)明镜亦非台,本来无一物(,何处惹尘埃)。这是惠能之镜,也是雪峰之镜。……但这是怎样

---

1 《庄子·应帝王》:"无为名尸,无为谋府,无为事任,无为知主。体尽无穷,而游无朕。尽其所受乎天而无见得,亦虚而已!至人之用心若镜,不将不迎,应而不藏,故能胜物而不伤。"

2 《庄子·天道》:"万物无足以铙心者,故静也。水静则明烛须眉。……水静犹明,而况精神!圣人之心静乎!天地之鉴也。"

的一种映照啊！它照出的是什么？山河大地，草木丛林，及乎春来，百花竞发。……这一切是否都是有意为之，都蕴含着人们可能赋予的意义？这一切不就在那里吗？……然而，唯有本身是空的、纯粹的镜子，唯有认识到世界以及其自身无意义者，才能将其视为永恒的装饰。"[19] 空镜的基础是渴求之"自我"的不在场，是一颗清心寡欲的心。相反，研究"自我"与"行动"的哲学家费希特则鄙视"空心"："自由的系统满足我的心灵，相反的系统则戕害和毁灭我的心灵，冷漠地、死板地站在那里，只是旁观各种事件的交替；当一面呆滞的镜子，反映各种瞬息即逝的形象——这种生活我实在不能忍受，我鄙弃它，诅咒它。我要爱，我要把自己沉湎于同情中，领略人间甘苦。对我来说，这种同情的最高对象就是我自己……"[1][20]

德语中"意义"（Sinn，中古高地德语：sin）一词，最初的意思是"过程"、"旅行"和"道路"。但它是与特定的方向、特定的目标相关联的，比如"顺时针方向"（Uhrzeigersinn）一词就体现出 Sinn 的指向性。法语中的 *sens* 仍

---

[1] 译文引自费希特：《论学者的使命 人的使命》，梁志学、沈真译，商务印书馆，2017年，第94页。

然有"方向"或"方面"之意。与此相反,在"无有"中的漫游("游于无有")是没有方向的,因此是无–意义的(sinn-los),或说清空–意义的(sinn-entleert)。恰恰是这种摆脱了意义、方向、目标和目的的自由,这种特殊意义上的"意义之空"(Sinnleere),才使得一种更高层次的自由成为可能,使存在成为可能。与无方向、无边界的总体相和谐,与未加区别的状态相和谐,由此产生了"天乐"(《庄子·天道》)、"至乐"(《庄子·至乐》)。与此相反,"福"(das Glück)则基于区分或偏好,基于不完全感知。努力追求幸福的人,会由此遭遇不幸,因而才有"不为福先,不为祸始"(《庄子·刻意》)。意义的不在场并未导致虚无主义,而是带来了依附于无方向、无痕迹之存在身上的天乐。

庄子的至乐说与康德的幸福说截然相反。康德在他的人类学著作中指出:"为了实现一个预期的目的而有计划地向前推进的工作就充实了时间",这是"感到人生的乐趣但毕竟也满足于生活的唯一可靠手段"[1][21]。康德把生命比作一

---

[1] 译文参照《康德人类学文集》,李秋零译注,中国人民大学出版社,2016年,第103页。

次旅途。在旅途中感知到的大量对象会在记忆中导致一种感觉，即"已走过一大段距离，因而也为此需要（比按照钟表所会得出的）更长时间"。相反，"空"（das Leere），即可感知对象的不在场，则会使人在回想时产生一种（比按照钟表所会得出的）时间更短的感觉。因而，空在主观上缩短了生命。为了变得心满意足，为了享受生命，我们不可以让人生的任何一段是空的。唯有被有目标的行为充满的人生，才能使人感到幸福，感到心满意足。意义即目标。存在即作为。与此相反，老子和庄子则坚信，此在和世界可以完全是另一番面貌。他们将无方向、非目的论的漫游与线性的、以目的论和矢量方式书写的人生对立起来。老庄的此在完全可以没有意义和目标，没有目的和叙事，没有超越和上帝。无意义，无目标，并不意味着丧失自由，反而是获得自由，是一种简朴的丰盈（Mehr des Weniger）。抛却"向某处行走"，才使得行走成为可能。人们要顺应世界的自然过程，而这世界并非叙事结构的。它能够抵御意义危机，毕竟这危机始终是一种叙事的危机。世界既不讲述"大"事，也不讲述"小"事。它不是神话故事，而是一种特殊意义上的自然。正因如此，它才是宏大的。相反，所有的故事都很渺小。它们建立在区分的基础上，为了一方而排斥另一方。叙事之所以能创建意义，是因为大量的挑选和排除，或说它把世界缩小了。它削减了世界，把世界逼进一条狭窄的叙事轨道。庄子则教导人们，不要执着于小故事，执着于区分，而要与整个世界相连，甚至要像世界一样宏大，要蓬勃向上，成为一个广阔的世界。因此，庄子那些奇妙的故事中频繁出现巨大的形象。他讲述的第一个故事就是关于一条名为"鲲"的大鱼和一只名为"鹏"的巨鸟："北冥有鱼，其名为鲲。鲲之大，不知其几千里也。化而为鸟，其名为鹏。鹏之背，不知其几千里也。怒而飞，其翼若垂天之云。是鸟也，海运则将徙于南冥。南冥者，天池也。"[22]鲲和鹏如此硕大，以至于无从匹配小东西，它们超越了任何排他性的挑选和区分。它们不在意小东西，因为相较之下，它们实在是太大了。庄子特地使用超大规模和夸张来消除区分，来达成去分别化和去边界化。

一个不受任何特定事物、特定地点约束的人，一个四处漫游、居无定所的人，也就超越了任何损失。一无所有者，自然也不会失去任何东西："把船藏在山谷里，把山藏在深泽中，可以说是很牢固了，但夜深人静时有个大力士把它背走,沉睡的人还丝毫不觉察,把小的东西藏在大的地方是适宜的,但仍不免遗失。如果把天下付托给天下('藏天下于天下')[23],就不会遗失了……"[1][24] 庄子在这里论及的是一种独特的与世界的关系。他要求人们将"在-世界-之中-存在"(In-der-Welt-Sein)去边界化、去分别化为"世界-存在"(Welt-Sein)。只要人——如果为了能和海德格尔交谈,可以称作"此在"——比世界小,只要他在世界之内进行区分,就势必要操心(Sorge)。为了不操心,他就必须完全是这个世界,必须将自己去分别化为世界,而不是去依附于世界当中的某个特定内容,依附于区分。"在-世界-之中-存在"是操心,而"世界-存在"则是不操心(ohne Sorge)。

众所周知,后现代思想也反对实体与同一性理念。无论德里达的"差异"(différance)还是德勒兹的"块茎"(Rhizom),都极度质疑实体性的关闭与封锁,将其看作想象中的结构而加以揭露。虽然二者的否定性让它们接近不在场或空,但东亚思想中的典型观念,即世界般的整体性、世界的重要性,对于这种后现代思想来说还是很陌生的。空或

---

1 《庄子·大宗师》:"夫藏舟于壑,藏山于泽,谓之固矣!然而夜半有力者负之而走,昧者不知也。藏小大有宜,犹有所遁。若夫藏天下于天下而不得所遁……"

不在场最终都在集合、汇聚,而差异或块茎都有着强烈的驱散效应。它们驱散同一性,大力推进多样性。它们并不操心整体,不操心整体的和谐统一。东亚的空之思想将解构抛诸身后,以达成特殊的重建。

东亚思想完全朝向内在性(Immanenz)。道所展现的也并非不朽的、超自然或超常的实体,比如在否定神学中,这种实体仅在否定形式中才可能被表达出来,它会为了达成超越而回避内在性。道则完全与世界的内在性,与事物的"就是如此"(Es-ist-so),与此地此时(Hier und Jetzt)融合在一起。在东亚的想象世界里,没有任何事物存在于世界的内在性之外。如果说道避开了确定与指称,那并不是它太高,而是因为它在流动,因为它像河流一样曲折蜿蜒。它描绘着事物的不断转化,描绘着世界的过程性。漫游者之所以不留痕迹,是因为他对事物的漫游亦步亦趋。道也不是事物的统治者,不是主体("主",《老子》第34章)。它同样鲜少回归神秘。内在性和"就是如此"的自然明证性是它的特征。因此,老子强调,他的话"甚易知","甚易行"(《老子》第70章)。

"漫游者不留痕迹"也有时间上的意义。他不执着,或说不坚持。他更多是存在于每时每刻。因为他的漫游没有方向,并非沿着线性的时间,没有"延伸至过去和未来的"、历史性的时间。被海德格尔提升为人类生存之基本特征的"操心",恰恰和这种延伸的即历史性的时间息息相关。漫游者的存在不是历史性的,因此他"不思虑","不预谋"(《庄子·刻意》)。圣人的存在既不回顾,也不展望。他更多是活在当下。他一度逗留于现在,而这个现在却不会有"瞬间"的明晰(Schärfe,尖锐)与决断。这种瞬间又与"作为"(Tun,做)的郑重与决断密切相连。圣人的存在是情境式的(situativ)。情境式之事物又不同于海德格尔的"处境"(Situation)。海德格尔的处境是基于"行动"与"瞬间"的决断。在这样的处境中此在坚定地把握住自己。这是极致的在场的瞬间。漫游者虽然稍加逗留,但却未曾停留,因为停留有着过于强烈的对象关涉。正因如此,漫游者才未留痕迹,他惊鸿一现,却又飘然走远,消失无踪。

著名的"庄周梦蝶"充满不在场的气氛。庄子面前浮现的是一种没有任何稳定性、确定性、迫切的决断以及终极状态的此在形式。这个故事形象地展现了不操心的此在:

> 昔者庄周梦为胡蝶，栩栩然胡蝶也。自喻适志与！不知周也。俄然觉，则蘧蘧然周也。不知周之梦为胡蝶与？胡蝶之梦为周与？……[25]

庄子忘我地飘荡于自我与他者之间。他沉醉于一种独特的无一分别之中。这种飘荡与那种体现本质之基本特征的坚定相对立。坚定帮助一个人居于自身、执着于自身地经受他者，并由此而区别于他者。相反，非本质则用一些梦幻般飘荡的东西笼罩住此在，因为它不允许事物有明确的、终极的即实体性的轮廓。庄子反对个体性，即不可分性这一设想。他会说，他的可分性与可变化性是无穷无尽的。庄子的梦是一个没有灵魂的梦，一个并非由痕迹组成的梦。无人做梦。他的梦是一个绝对的梦，因为世界本身就是一个梦。因此，灵魂学（Seelenkunde）、心理学、心理分析都无法走进他的梦。梦的主题既不是"我"，也不是"它"。世界本身在做梦。世界就是一个梦。非本质将万物都留在梦幻般的飘荡之中。

只有在佛教的影响下，中国文化才发展出一种对存在之短暂易逝的深刻的敏感性。佛教说到底是一种不在场的宗教，一种寂灭（Verlöschen）与涅槃（Verwehen）的宗教，一种"无住"[26]的宗教。如果没有佛教，中国文化与艺术的"平淡"（Fadheit）属性是完全不可想象的。[27]对转瞬即逝性那令人痛苦的魅力的敏感性，恰恰赋予中国式的平淡美学以灵魂。平淡美学熏陶之下的诗人主要歌颂转瞬即逝性那柔和的光芒。日本游僧松尾芭蕉也以中国诗人李白[28]的名句开启他的旅行日记：

> 夫天地者，万物之逆旅也；光阴者，百代之过客也。而浮生若梦，为欢几何？古人秉烛夜游，良有以也……[29]

不在场不允许偏心和站队。一个人的任何偏好都会是对他者的不公正。好感同时会带来反感。因此，人们要没有任何偏爱地"兼怀万物"（《庄子·秋水》）。无论爱情还是友情都以区分和偏心为前提。它们皆基于欲求。因此，圣人"不为爱人"，也不维护"友谊"（"亲"，《庄子·大宗师》）。爱是执着。友谊产生约束。然而，圣人也并非全无所谓。漠不关心是以一个封闭的兴趣主体为前提的，对该主体来说，世界变得无所谓。不在场并不是将爱与友谊清空为无所谓，而是将它们清空为毫无偏私地拥抱万物的、无边界的友善。

卡夫卡的故事《家父之忧》读起来就如同庄子的某个奇妙故事一样。名为"奥德拉岱克"（Odradek）的本质实际上是一个非本质。这种星形线轴状的奇特生物是如此变化多端，以至于它没有任何明确的本质定义。甚至它的名字都意谓不明："有些人说，'奥德拉岱克'这个词源于斯拉夫语，因此他们试图在斯拉夫语中查明它的构成。另外一些人则认为，这个词出自德语，斯拉夫语只是对它有所影响。这两种说法都不确切，由此可见，两种说法都不对，尤其是因为靠它们发现不了这个词的任何含义。"此外，奥德拉岱克是很多部分混杂而成的，各部分貌似有本质上的区别。人人都知道莱布尼茨的单子作为"单一实体"（*substance simple*），"没有组成部分"（*sans parties*）。就像柏拉图的"美"一样，它是"单一理念"（*monoeides*）。奥德拉岱克是由最为异质的部分组成，仅就此而言，它就是一个不在场、一个非本质。其外表极为混杂，仿佛在嘲笑本质的明确性："乍一看，它像个扁平的星形线轴，又像是缠上了线；即便如此，也只是个扯断了又接在一块儿、乱作一团的旧线头，质地不一，颜色各异。它却不仅是线轴，从星的中央横着伸出一根小木条，其末端又连接着另一根小木条，后者和星星的一角各站一边，这样，它的整个身体就能够直立，仿佛支在两条腿上。"它的"细小"也让人有不在场之感。因为这种细小，它躲开一切触碰。它"特别敏捷，人们逮不住它"。它缺乏本质之稳定性。它的极度敏捷与本质之坚持相对立。还有一个原因使它看起来不在场：它常常完全陷入沉默。有时它会笑。但它的笑声听起来很奇怪，无形而空洞。这强化了它的不在场感："……这种笑声，没有肺的人才发得出来。这笑声听起来恍若落叶的沙沙声。"[1]

奥德拉岱克可以很容易地加入庄子故事中那些驼背、独腿、断脚、断趾之人或其他无用的奇妙生物之列。庄子笔下多疤的大树因为无用而得以长寿。奥德拉岱克似乎也超越了一切用途："它会死吗？所有会死的事物生前一定有个目标，有种作为，这样它才能消耗生命；奥德拉岱克却不是这样。"奥德拉岱克从不在一个地方停留，仅就此而言，它也

---

[1] 译文参照卡夫卡：《家父的忧虑》，见《卡夫卡小说全集Ⅲ》，杨劲译，人民文学出版社，2003年，第74页。

是不在场的。它无住所。它是与房屋之内在性相对立的形象。针对"你住在哪儿"这个问题，它照例回答："居无定处。"即使它身处房屋内部，它也多数在走廊、楼梯间、过道、阁楼等去内在性的空间逗留。如此一来，它便不是完全地在家，完全地在自己那里。它常常干脆就不在场，"好几个月都见不到它"。这种不在场，这种"无住"却令守护房屋的家父很不安。"家父之忧"指的就是奥德拉岱克的不在场。"父"就是"忧/操心"，而"无忧/不操心"的奥德拉岱克就是与"父"相对立的形象。然而，不可忽视的是，奥德拉岱克说到底并不是庄子笔下的形象，因为卡夫卡说，尽管奥德拉岱克长期不在场，这引发了家父之忧，但它"必定又会回到我们的房子"[1]。

---

[1] 译文参照卡夫卡：《家父的忧虑》，见《卡夫卡小说全集 III》，第 74~75 页。

非本质的本质

奥德拉岱克。图片来源：https://www.labottegadelbarbieri.org/odradek/。

Geschlossen und Offen–Räume des Abwesens

封闭与开放
——不在场的空间

那里每天都会更改房门号码，以至于没人能找到家。

——埃利亚斯·卡内蒂

在东亚，人们在视觉上也会感受到，事物"流入"彼此的程度要比西方大。狭窄的购物街上，通常不是很清楚一间店铺止于哪里，而临近的店铺又始于何处。它们常常有所重叠。在韩国的市场上，人们会在锅具旁边看到鱿鱼干，口红和花生并排摆放，裙子挂在打糕上方。杂乱的电线杆、管道以及斑斓的海报，这些对于日本的大城市来说都非常典型，使得人们无法清晰地区分空间。日本后巷里，老旧的木屋重重叠叠。人们很难辨认，一栋房子到哪里为止而临近的

没有界限的城市

一个日本大都会。出自让—弗朗索瓦·德弗雷尔（Jean-François Defrère）：《日本》（*Japan*），布鲁塞尔，1995 年，第 112 页。版权所有：艺术—历史出版社。

"飘荡的"风景

与谢芜村（Yosa Buson，1716—1784）:《川崎松林》（*Kiefernwald in Karasaki*），江户时代，约1771年。

房子又从哪里开始。这种无分别的空间感使人想起一句禅语："雪覆芦花，难分朕迹。"[30] 将芦花之白与覆在其上的冰雪之白区分开来是很困难的。本质即区分，它封锁了流动的过渡。不在场即无分别。它使事物流动，去除边界。那被积雪覆盖的河岸风景是不在场之风景。没什么硬要加入，没什么与其他事物相区隔。一切貌似都退隐到无分别之中。

西方很少有流动的过渡，大量出现的边界与区隔制造了一种逼仄之感。虽然人群熙熙攘攘，房舍鳞次栉比，但东亚的大城市看起来却是空与不在场之城。

不在场的目光也有清空的作用。流动的过渡创造出不在场之地、空之地。本质是封锁的、排他的，而非本质则使空间变得更具渗透性。因此，它使空间变得宽敞。一个空间把空间给予另一个空间。一个空间为自己打开更多的空间。它不会走向终极的封闭。[31] 空的空间、去内在性的空间由过渡和间隙构成。因此，在东亚大城市的拥挤中有一种舒适的空，或说一种空的拥挤。

无分别也有利于不同事物之间密集并在（Nebeneinander）。它创造了最大限度的团结一致与最小限度的有机的、有组织的联系。人工连接让位于切近之连续统一。这里，事情并没有联合为一个统一体。它们并非一个有机整体的成员。因此，它们看起来是友善的。成员制并不是一个友善的邻居体系。事物之间无须通过对话进行中介或调和。它们彼此之间关系不大。相反，它们将彼此清空为一个无分别的切近。

西方文化坚决追求完整与封闭。有趣的是，这种坚决不仅反映在形而上学的实体形象中，也反映在西方的建筑中。因此，莱布尼茨笔下无窗户的单子式灵魂，也符合被黑格尔称为"完全与外界隔开的房屋"[32]的浪漫主义建筑艺术的基本形式。虽然美是在古典艺术中达成的，但根据黑格尔的说法，浪漫主义的艺术表达出比古典艺术更高的东西，因为它是内心的艺术。与古典主义向外辐射的美相反，浪漫主义艺术作品散发出一种内在的光芒，一种内心的光芒。浪漫主义的内在性在一栋"完全与外界隔开的房屋"内，在一个"完全包围"中展开，在这个包围中，外部已经被完全剔除。根据黑格尔的说法，基督教是一个内在性的宗教。因此，它的外在契合完全封闭的教堂："正如基督教的精神集中到内心生活方面，建筑物也是在四方都划清界限的场所，供基督教团体的集会和收敛心神之用。收敛心神，就要在空间中把自己关起。"[1][33] 教堂的入口便已经是内化的开端，从入口向内越来越窄。这种"透视上的收缩"预告着"外部显得收缩，变小乃至于消失"[2][34]。一半在内、一半在外的柱廊被完全移进建筑物的内部。如此一来，它们就构成了一个内化的或说内部的外在。即使自然光线也不允许直接照射进内部空间，因为它妨碍了内部的聚集。它被"阻挡在外，或者通过窗户上的彩绘玻璃而只是隐隐约约地发着微光，这对于完全与外部分离是十分必要的"。阳光"或是被遮住，或是透过彩画玻璃窗，投入比较暗淡的光辉，为了避免黑暗，窗子还是不得不开"[3][35]。外部的、自然的光线被阻挡住了。人们为了内在性而完全抛弃了外部。外部起着驱散的作用，会由此妨碍内部的聚集。唯有一种纯内部的、神圣的、纯精神的光要充满那完全封闭的教堂。窗户在这里原本不是开口，因为它们是为"完全与外界隔开"服务的。正如黑格尔所强调的那样，它们"只是半透视的"。它们对光的阻隔赋予空间一种内在性。此外，窗户的玻璃不是空的。相反，它们

---

1 译文引自黑格尔:《美学》(第三卷上册)，朱光潜译，商务印书馆，1981年，第88页。

2 译文引自上书，第97页。

3 译文参照上书，第89页。

是被涂以彩绘的，即充满了意蕴的。这些通常呈现救赎故事的玻璃彩绘使光充满了重要意义，这又加强了空间的内在性和丰富性。

佛教寺庙并不是完全开放的房子。完全开放的可能是那种希腊神庙，用它那敞开的走廊和大厅呈现出神圣之物、神圣之风[36]从这里通过。这种开放性却是一种暴露。佛教寺庙既非封闭，亦非开放。无论内在性还是暴露性都不是其空间效应的特点。它的空间更多是空。空的房间维持着开放与封闭、内部与外部的无分别性。佛寺的大殿几乎没有墙壁。它的四周是众多由透光的宣纸做成的门。纸的功能不在于像在教堂里一样让光"只是隐隐约约地"进入，以便不妨碍房间的内在性。与彩绘玻璃窗相反，纸是为了不"完全与外界隔开"。由于屋顶很低，无论如何，光照到门的时候也只是削弱如余晖。它早已被打上了不在场的记号。亚光的白纸如同一块光之海绵，将那已然被削弱了的光吸纳进来，并仿佛让光完全停驻。一种静态的光产生了。它不再刺眼了。此外，低矮的屋顶还消弭了光的垂直性。与教堂相反，光不是从上方洒落下来。纸消弭了光的移动性和指向性。如此一来，就产生了一种由静态的光构成的宁静水域。用道家的术语来说，这种特殊的光"无方"。没什么被它所照耀、辐射。这种已然变得静态的、完全非特定的、无分别的光未凸显出事物的现身在场（Präsenz）。它将事物浸入一种不在场中。白色正是无分别的颜色。白色的、空白的纸张与斑斓的彩绘玻璃窗相对立。白色、亚光的光如同那河岸的白雪，带出一幅不在场的、无分别的景象。这种无分别的光，这种中间状态的光，将一切都深埋于空与不在场的氛围中。

在白色不透光的纸拉门前停下来的光，也将东亚建筑的开放性与现代玻璃建筑那种不受阻拦的因而显得不友善的通透性区分开来。在现代玻璃建筑里，光几乎是侵略性地落入内部。这种建筑并不是基于东亚的开放性，而是基于柏拉图—普罗提诺的光的形而上学。柏拉图的黑暗洞穴和耀眼阳光属于同一种存在地形学（Topographie des Seins）。与此相反，东亚的空间性超越了开放与封闭、内部与外部、光与影的二分法，制造出一种无分别，一种中间状态。玻璃与金属光滑、闪亮的表面也是一种特性，它大力推进了在场，因而与白色亚光宣纸那种友善的隐忍与克制相对立。宣纸本身有一种空与不在场的物质性。它的表面不会发光。它如丝绸般柔软。当人们将它折叠，几乎没有任何声响，宛若一抹由静谧凝结而成的朦胧的白。

  落入教堂内部的光,它的垂直性被窗户的垂直结构加强了。教堂正中和唱诗班席位上部的窗户尺寸巨大,人们的视线无法一下子囊括。因此,人们必须尽力仰视。这种对视线的垂直牵引制造出一种"向上飞腾时的心神动荡不宁"。方柱和尖拱等其他建筑元素也使人生出一种向上用力或向上攀登的感觉:"方柱变得细瘦苗条,高到一眼不能看尽,眼睛就势必向上转动,左右巡视,一直等看到两个尖拱相交形成微微倾斜的拱顶,才安息下来,就像心灵在虔诚的修持中起先动荡不宁,然后超脱有限世界的纷纭扰攘,把自己提升到神那里,才得到安息。"1 [37] 黑格尔将哥特式建筑的这种空间效应与希腊神庙的空间效应相对立,后者的特点是平置、重压或支撑:"如果希腊建筑一般是横向展示它的宽广,和它对立的基督教堂的浪漫风格则在于腾空直上干云霄。"2 [38] 佛教寺庙的空间效应既非腾空直上,也非平置或重压。它不致力于对抗地心引力,对抗"有限的地面",这在它的建筑元素中都有迹可循。由于所使用材料的轻盈感,佛寺也并不给

---

1 译文参照黑格尔:《美学》(第三卷上册),第92~93页。

2 译文参照上书,第88页。

人以重压或坚挺的印象。此外,空没有重量。并没有神性的现身给空间增加重量。尽管差别很大,但希腊神庙和教堂在"突出"这一点上是相同的。与此相反,没有任何佛寺会像一座希腊神庙一样如此突出地耸立在那里。佛寺的空间特点既不是"站立",也不是"坚定",这都是本质的基本特征。此外,东亚的佛寺常常位于林中空地,周围群山掩映。它们都地处偏远,而基督教堂或希腊神庙则多占据中心地带。在此种意义上,佛寺也是不在场的。

直线无法表达内在性。内在性是一种向自己回转的形式。它是弯曲的。因此,它更倾向于居于曲线和弯折之中。矩形的空间也不适合容纳浪漫的、无尽的内在性:"一种四方体的各方面的等同,在建筑上不能表现出心灵超越尘世的有限事物而上升到彼岸和较高境界时所出现的运动,差异对立和转化和解的过程。"[1][39]与基督教堂相反,佛教建筑以直线和矩形为主。因此,它不利于形成内在性。日本的禅寺和茶室常常显现出一种不对称的特征。这种不对称性(Asymmetrie,日语:fukinsei,不匀整)是禅宗佛教的美学

---

[1] 译文参照黑格尔:《美学》(第三卷上册),第91页。

原则。[40]它打破了空间。对称的规律性大力推进了现身在场。不对称性却将其打破，形成不在场。

根据黑格尔的哲学观相术，眼睛应该被高高的眼骨所包围，以至于"深眼眶里较浓的阴影""使人感到一种精神方面的深刻和凝聚"[1][41]。"眼骨高耸"透露出灵魂的深邃。众所周知，东亚人眼睛较平。黑格尔会将这一特征归为内心的匮乏，归为幼稚的精神还没有觉醒为主体内在性，因而还流落于自然。黑格尔也指出，希腊雕像尽管很美，却"没有目光"，它们的眼睛没有内在灵魂的热烈情感，它们表达不出那些"精神的运动和活动"，"精神并没有离开它的肉体的实际存在而反省它本身，没有通体渗透着自赏的内心生活"[2][42]。东亚思想不可能被纳入内部与外部、内在性与外在性的区分中。它居于无分别中，一个既去掉了内在性，同时也去掉了外在性的中间状态。这种空既不在内部，也不在外部。主打内在性的黑格尔哲学同样无法把握那不在场的目光。它既不陷于内，也不落于外。它是空的。

---

1 译文参照黑格尔:《美学》(第三卷上册)，第148页。
2 译文参照黑格尔:《美学》(第二卷)，朱光潜译，商务印书馆，1996年，第278页。

从哪里开始算是室内？

京都大德寺内的大仙院，出自乔纳森·诺顿·莱昂纳德（J. N. Leonard）：《古代日本》（*Das alte Japan*），出版地不详，1968年，第92~93页。

没有"内部"的房间

皇家别院桂离宫内的起居室,出自海因里希·恩格尔(Heinrich Engel):《日本住宅——当代建筑传统》(The Japanese House. A Tradition for Contemporary Architecture),拉特兰郡/东京,1964年,第465页。

瓦尔特·本雅明在他的《超现实主义》一文中，报道过曾发誓永不在封闭的房屋内停留的佛教僧侣。与这些藏族喇嘛的相遇对本雅明来说该是多么的不可思议啊！他可是在19世纪市民精神中长大的。

> 在莫斯科，我住在一家几乎所有房间都被藏族喇嘛占据的酒店里，他们来莫斯科是为了参加佛教宗教大会的。我注意到，这栋房子的走廊中好多扇门始终虚掩着。虽说最初看起来是巧合，但我觉得非常可怕。我了解到：在这样的房间里居住的是某个教派的成员，他们曾发誓，永不在封闭的房屋内停留。

本雅明肯定会对马塞尔·普鲁斯特有更多的了解，普鲁斯特决定写作后，便用三层窗帘将房间密封起来，墙壁上还贴上了软木板。阳光和街上的噪声都不可以进入他的房间。在密不透风的房间里，写作作为世界的记忆和内化，发生在绝对的内在性中，或说发生在内在性的教堂中。

Licht und Schatten–Ästhetik des Abwesens

光与影
——不在场的美学

一个数头发的男子出现了。他每天都在数它们。头发一根也不会变少，他不可以失去头发的。他的任务就是始终拥有相同数量的头发。他完成了这个任务并为此感到自豪。您真应该看看，他是如何带着轻快的心情和一种蔑视的目光现身，蔑视所有头发都还没数清楚就走来走去的人。

——埃利亚斯·卡内蒂

一位歌舞伎（Kabuki）演员将他对芍药花的钟爱归因于它很快就会凋落。它不仅仅美在雍容华贵、枝叶葳蕤。它的美首先是转瞬即逝所带来的令人心痛的魅力。显然，这位演员赞叹的并不是花瓣在他面前慢慢枯萎，而是它们似乎毫不迟疑地掉落，欣然接受消逝的命运。然而，这是反自然的，因为自然的本质特征是欲求（*appetitus*），是向着生存努力，是执着于存在。在芍药花面对消逝的泰然自若中，在它面对生与死的漠不关心中，这位歌舞伎演员或许看到了一种"顿悟"（Satori，禅宗佛教中的突然醒悟）。在他看来，芍药花的反自然性，它的漠不关心，就像那样一种精神的反映，它将灵魂以及属于灵魂的自然的欲求完全抛下了。

康德在《判断力批判》一书中指出："值得注意的是，假使人们欺骗了他而把假造的花（人能做得和真的一样）插进土里，或把假造的雕刻的鸟雀放在树枝上，后来他发现了这欺骗，他先前对于这些东西的兴趣就消失掉了。"[43] 那位爱美者或许会觉得假花也很美，但是他不喜欢它的存在，因为它不是自然的创造："自然是产生出那美的，这个思想必须陪伴着直观与反省；人们对于它的直接的兴趣只建立在上面。"[1] 假花的人造属性使它失去了目的论的或说神学的意义。如果自然能创造出一种永不凋谢的花，那么它那永恒的光彩势必会让康德笔下那位爱美者心醉神迷，幸福不已。这

---

1 译文参照康德：《判断力批判》（上卷），宗白华译，商务印书馆，1985年，第144页。

种牢不可破、坚不可摧、永不消逝的存在不会给美的感受带来断裂。相反，它甚至会使它升级。对柏拉图来说，神性的美也是永恒的存在者，既不产生，也不消逝；既不增加，也不减少。

吉田兼好在《徒然草》中写道："只是樱花盛开、月光如洗值得欣赏吗？……含苞待放的枝头，花落叶萎的庭院等，可供观赏之处还多着呢。……以皎洁之光照射千里的朗朗满月，不如期盼了一夜，在拂晓临近时才姗姗来迟的月儿有风情，此时月色苍茫，于远山的杉树枝头隐现，忽又被阵雨云丛遮蔽，那才叫感人至深。"[1][44] 对于东亚人的心理感受来说，存在的持久和本质的稳定都不属于美的范畴。那些坚持、存在或执着的事物既不美好，也不雅致。美不是突出或出众之物，而是回撤或退隐之物；不是固定之物，而是飘荡之物。美的事物是"无"之痕迹，或说自身之中早已承载了它终结之痕迹，是常变常新的事物。美不是一种状态的持续时长，而是一个过程的转瞬即逝。美不是完整的现身，而是被不在场笼罩的"此"（Da），是因为"空"而变得更轻

---

1 译文参照鸭长明、吉田兼好：《方丈记 徒然草》，李均洋译，河北教育出版社，2002年，第127~128页。

盈或更简朴的"此"。美不是清晰或透明之物，而是没有被清晰界定之物，没有被清晰区分但却能与漫射之物相区别的东西。如同不确定之物一样，漫射之物是一种可以通过添加更多的确定和区分而被消除的状态。它期待一种精确度。相反，无分别状态本身已经很明显了。它很充足，有自己的确定性。无分别意味着不缺少差异与区分。它什么都不缺。

日本风格"侘"（Wabi）的概念表达了一种真正的佛教的美感，将不完整的、不完美的、转瞬即逝的、易碎的以及不引人注目的东西集于一身。因此，要传递侘这种感觉的茶杯不可以是完美无瑕的。相反，它们必须有破裂之处。人们有意识地打造不规则性与不对称性。茶艺大师村田珠光（Murata Shukô）有一个著名的例子：所谓侘就是一匹良种骏马被拴在一座小小的茅草屋前。侘是一根孤零零的李树枝条在厚厚的积雪中开着花。侘是与华贵、完美、恢宏、繁茂、舒展以及不可改变之物相对立的。一个失去表面光泽、日渐暗淡的银碗是美的。美的不是发亮的、透光的或者水晶般的物件，而是亚光的、朦胧的、绰约的、半透光的、有阴影的东西。因此，谷崎润一郎在他的《阴翳礼赞》中也写道："中国人也爱玉石，那种经过几百年古老空气凝聚的石块温润莹洁,深奥幽邃,魅力无限。这样的感觉不正是我们东方人才有吗?"[1][45]

"顿悟"(突然醒悟)实际上与闪亮或光线无关。在这里,东方的灵性也是区别于西方的光之神秘主义以及光之形而上学的。光增强了在场感。与此相反,佛教是一种不在场的宗教。因此,梵语中表达突然醒悟的"涅槃"(Nirvana)一词,最初是"熄灭"之意。回撤和不在场是佛教的理想。东亚对于光有一种非常克制的态度。不存在驱散黑暗的英雄式的光。相反,光明与黑暗彼此相依。这种光明与黑暗的无分别也是禅宗佛教水墨画的特点。背景上的亚光白亮度均匀,画中形象看起来只是为了强调纸张的洁白。天与地、山与水流入彼此之中。一种飘飘荡荡的"空"之风景产生了。此外,图画中的光没有方向。如此一来,它便用一种不在场的氛围包裹住风景。天与地亮度一致。人们不清楚地在哪里终止,天从何处开始,光明在哪里终止,而黑暗又从何处开始。

东亚的不在场之光与欧洲绘画作品中光的形象完全对立。比如,那从上方洒落或从一个神圣的躯体上散发出来的

---

[1] 译文引自谷崎润一郎:《阴翳礼赞》,陈德文译,上海译文出版社,2010年,第9页。

神性之光是闪闪发亮的。现身在场上升为神性之物时闪着光芒。

在维米尔的画作中，光常常落入房间内。维米尔用半开的窗户导引、聚拢着光束，从而打造画面的分割。他常常让光与暗完全直面彼此，由此产生的清晰轮廓加强了现身在场。在《戴珍珠耳环的少女》中，白色的衣领闪耀着从深色背景中凸显出来。当然，尽管有加强作用，但维米尔的光并不特别引人注目，因为它的源头并不在超越之中，而是在世界与事物的内在性之中。如此一来，维米尔画作中落入房间的光就不会给人以冰冷的感觉。恰恰是维米尔之光独特的温暖与柔和使我们注意到，光的源头在内在性之中。或者说，在维米尔这里，事物开始从其本身发光。纽扣、耳环、衣领或便帽等事物，在没有光源照射的情况下闪闪发亮。这种无来源的光，其作用就如同事物的自发光，似乎只是为了凸显事物的现身在场。

维米尔的光是在场之光。它突显出事物的现身在场。相反，障子门（Shôji-Papier）[46]那宁静之光则使事物浸入一种不在场中。障子门就好像一片白色的云层，轻柔地包裹住光。它似乎让光停驻。谷崎润一郎也很欣赏这种神奇的不在场之光:"随处可见的无法捉摸的外光映照着昏暗的墙壁,艰难地保持着一点儿残余,我等便以这纤细的光明为乐。"[1][47] 透过障子门的光(Shôji-Licht)就像光消失殆尽前的最后一缕一般克制、不在场,而这最后一缕却矛盾地赋予光一种非自然的生命活力。因为这份柔和,障子的光能够做到不去照耀、照射房间内的事物。如此一来,事物本身就退隐至不在场中了:"庭院的阳光,钻进庇檐,穿过廊下,终于到达这里,早已失去热力,失去血性,只不过使障子纸微微泛白一些罢了。"[2][48] 停驻的、几乎给人不在场之感的光,不逼迫黑暗。其中蕴含着它的友善。友善不是那种无情驱散黑暗的英雄式的光。障子门那友善而克制的光制造出一种明与暗的无分别,一种非明非暗的、中间状态的光产生了:

> 面前似乎腾起一片雾气,模糊了我的视力。这是因为,那纸面上淡白的反光,无力赶走壁龛里的浓暗,反而被那黑暗弹回来,以致出现无法区别明暗的混迷世界

---

[1] 译文引自谷崎润一郎:《阴翳礼赞》,第15页。
[2] 译文引自上书,第17页。

的缘故。[1] [49]

东亚文化中没有光与影之间二分法的张力。因此，阴影获得了一份自己的光芒，黑暗也被赋予了一份自己的光明。光与影、明与暗并不互相排斥。对于《阴翳礼赞》一书的作者来说，羊羹（yôkan，一种由红豆制成的深红色日式甜点）看起来也仿佛一枚由发亮的黑暗制成的珠宝："冰清玉洁的表层，深深汲取着阳光，梦一般明净。……这羊羹盛在漆器果盘里，其表面的色泽看起来明显地黯淡而深沉，同样唤起人的冥想。人将这种冰冷滑腻的东西含在嘴里的时候，感到室内的黑暗仿佛变成一个大糖块，在自己的舌尖上融化……"[2] [50]

空和不在场也为东亚饮食打上了烙印。米饭无疑是东亚饮食的中心，因其无色而给人一种空的感觉。因此，中心就是空的。它平淡的味道也为它披上空和不在场的外衣。庄子会说，米饭能够贴近任何一种菜肴、任何一种味道，因为它是空的，因为它本身没有味道。米饭空得就像东亚水墨画那

---

[1] 译文引自谷崎润一郎：《阴翳礼赞》，第17页。
[2] 译文引自上书，第12~13页。

白色的底子。盛满珍馐的彩色小碗就像颜料罐子。因此，整个就餐这一幕就和绘画一样。即使触觉层面米饭也是空的。被烹调过的米没有了抵抗。天妇罗也遵循着空的原则。它没有西方饮食中那种炸物摆脱不了的厚重。热油的存在只是为了将涂抹在蔬菜或海鲜表面极薄的面糊转化成酥脆的、空洞的堆积，被包裹住的内容也获得了一份可口的轻盈。如果像在韩国一样，用翠绿的嫩芝麻叶来制作天妇罗，那么它会在热油中熔化为一抹几乎无实体的散发香气的绿。可惜的是，还没有厨师想到用翠绿的嫩茶叶制作天妇罗，那会产生一种由美妙茶香和空构成的美食，或说是一种不在场的美食。

东亚饮食给人以空的感觉，还因为它没有核心。西方食客很难不产生这样的感觉（虽然还无法给这种感觉命名），即，尽管小小的佳肴数量众多，但总是缺少点什么。它缺少的是核心或主菜的重量，或菜单的完整性。这也许正是西方中餐馆的菜单与中国不同的原因。东亚饮食将主菜驱散，或说清空成很多道小菜，并同时上桌。

在东亚饮食中，人们并不是用刀叉将菜肴分割，而是用筷子将它们组合。在西方，人们以分割的即分析的方式用餐、思考。倒不能说，在东亚，人们用综合的方式用餐和思考。分析和综合是属于同一序列的。因此，东亚菜肴和思想既非分析的也非综合的。它更多是遵循一种连接秩序。"连接"意味着通过连词，通过不断的"和"（Und）进行连接，或说紧挨着排列成行。东亚思想中没有那种属于句号或感叹号的绝对的、终极的东西。相反，它更多由起到连接作用的逗号以及"和"、由绕路与岔道来决定，或者通过隐藏的路径得以延伸。

日本的插花艺术 Ikebana（日语：生け花），字面意思是"使花复活"。当然，这里说的是一种非常规的活，因为实际上人们将花和根，和自然的生命器官，或说和欲望完全断开了。使花复活的途径，是赋予它死亡。切断它的根，同时也切断了它的灵魂、它的"向着生存的努力"和它的欲求。插花艺术使花超越了慢慢凋谢，超越了它的自然死亡。因此，这使它脱离了生与死的分别。花朵在一种特别的生命活力中，在一种发源于空之精神的、盛开的生与死的无分别中熠熠生辉。这里所说的并非一种永恒的光芒或余晖，而是一种不在场的光芒。在极致的转瞬即逝的中心，花朵放射出一种非自然的或说反自然的生命活力，一种不连续的连续性。

日本的枯山水也是一座不在场的、空的园林。这里没有花，没有树，没有人类的痕迹。尽管不在场，尽管空，它仍然散发着强烈的生命活力。这要归功于一种多重翻转（Gegenwendigkeit）。碎石地面上用钉耙耙出的波浪线所蕴含的动感，与岩石那泰然自若的宁静形成鲜明的对照。碎石地面的白凸显出岩石的暗。河流的水平与山峰的垂直，流水的圆圈线条与岩石的锯齿形线条，营造出另一种翻转的张力。这包含着一个属于无分别的转折点、（换）气口。道元禅师在《山水经》中写道："青山运步不得也，东山水上行不得，莫谤山。以是低下之见处疑怪故，疑怪青山运步之句也；以是少闻拙见故，惊异流山之句也。"[1][51] 枯山水再一次实现了那个矛盾的复活原则。它通过完全抽干大自然的灵魂、它的"向着生存的努力"而令其复活。被杀死的是它那自然的或说有机的欲求。这座石头做的禅宗园林，这个超越生命之地（Ort des Über-Lebens）将自然调离至一种顿悟的状态。它通过切断自然的灵魂而使其超凡脱俗。超脱了生与死，它在空与不在场中熠熠生辉。

---

1 译文引自道元：《正法眼藏》，第 264 页。

日本的木偶剧叫作"文乐木偶戏"（Bunraku），但是它与西方的木偶戏几乎没有共同点。文乐木偶戏中的木偶既不是被线也不是被看不见的手操纵，这些线和手有可能暗指逃不掉的命运或隐藏的神。相反，这些一米到两米高的木偶是被舞台上三位可见的表演者移动的——一位师父，两位助手，身着黑衣。助手的脸上罩着黑布。相反，师傅的脸却是露出来的。但是他完全面无表情，就好像没有灵魂一般。西方的木偶戏借助声音和移动赋予无灵魂之物以灵魂。这个赋予灵魂的过程非常引人入胜。与此相反，不在场的戏剧不是灵魂戏剧。因此，文乐木偶戏的木偶也没有自己的声音，来充当赋予灵魂这个过程的媒介和灵魂。引人注目的仅剩下手势，取代灵魂的声音，人们听到一动不动坐在那里的朗诵者，半吟唱着呈现它们面前的台词。这种呈现不是唱歌。它枯燥得仿佛那石头园林。在不在场的戏剧中，悲伤或愤怒等情感技能也失去了灵魂的表达特点。它们并未如灵魂的尾波或痉挛般出现。相反，它们将自己去内在化、去灵魂化为纯粹的人物。或许恰恰是在这种抽象或人物化中——这可能也是一种干枯的形式，演出产生了一种净化灵魂的作用。

不在场的舞台在观众面前展开。能乐（Nô）也是一种不在场的戏剧。僵硬的戏服和空洞的面具已经让演员看起来像木偶一般。就像在那枯山水中一样,灵魂干涸了。如果出场的演员不佩戴面具,那么他那无遮盖的脸也是完全面无表情的、空洞的。能乐那叙事性的乐曲也营造出一种不在场的氛围。梦境与现实相互渗透,构成其叙事的基本模式。真实性被包裹在一种梦幻般的荡漾之中。事物浮现出来,为了再一次回归不在场。来自过去的幽灵般的人物和模糊的情节顺序,制造出一种时间上的无分别。演员滑行的脚步加强了梦幻般荡漾的效果。梦境与真实流入彼此之中。在不在场和无分别的世界里,人们很难辨认梦境在哪里终止,真实从哪里开始。

没有光的"明亮"

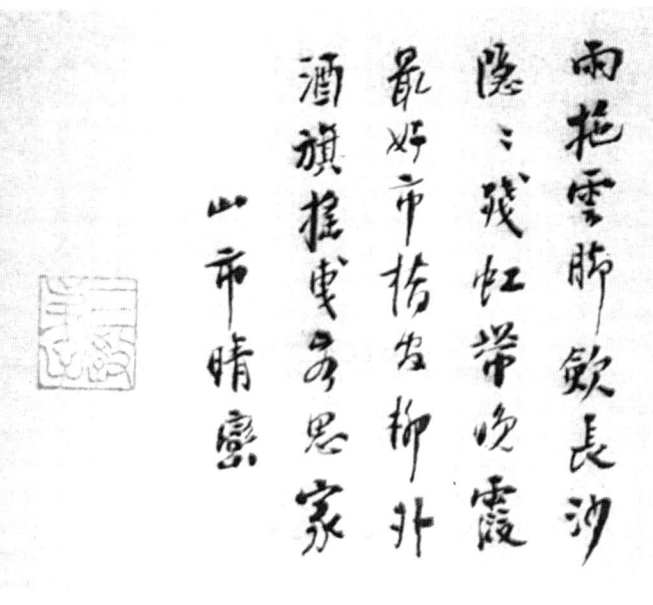

雨拖云肺歛长沙
隐隐残虹带晚霞
最好市桥官柳朴
酒旗摇曳多思家
山市晴岚

[南宋] 莹玉涧：《山市晴峦图》（*Klarer Morgen in einem Bergdorf*），吉川收藏，东京。

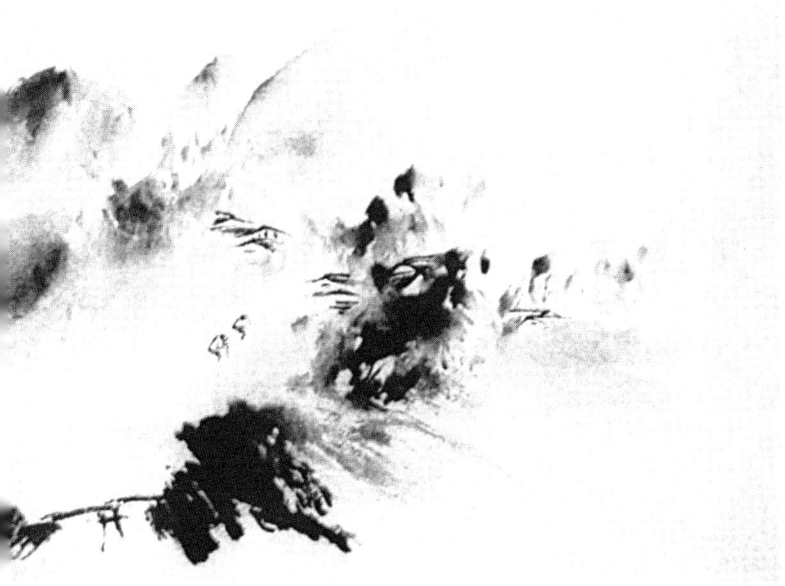

炫目的天使之光

赫里特·凡·洪特霍斯特（Gerrit van Honthorst，1592—1656）:《圣彼得的解放》(*Die Befreiung Petri aus dem Gefängnis*)，1616/1618年，柏林国家博物馆-普鲁士文化遗产基金会，美术馆。布面油画，131厘米×181厘米，编号：431。版权所有：普鲁士文化遗产图片档案/美术馆—柏林国家博物馆。

光的射入

约翰内斯·维米尔（亦称代尔夫特的扬·维米尔，Jan Vermeer van Delft，1632—1675）：《窗边持水壶的年轻女子》(*Junge Frau mit einem Wasserkrug am Fenster*)，约 1662 年，大都会艺术博物馆，纽约。布面油画，45.7 厘米 ×40.6 厘米，马奎恩收藏，受赠于亨利·马奎恩（Henry G. Marquand），1889 年。

障子门：停驻的光

出自伊藤贞司（Teiji Itô）：《日本传统住宅》（*Alte Häuser in Japan*），二川幸夫（Yukio Futagawa）编辑、摄影，斯图加特，1984年，第310页。版权所有：RETORIA，二川幸夫及相关摄影师。

一位禅师在花艺之前传授文道

[南宋] 马公显:《药山李翱问答图》(*Der Zen-Meister Yaoshan Weiyan im Gespräch mit dem Gouverneur Li Ao*),木刻版画。

"不在场"的园林

大德寺龙源院内的枯山水,出自《京都园林》(*The Gardens of Kyoto*),水野克比古(Mizuno Katsuhiko)摄,京都,1987年,第28页。版权所有:水野克比古。

Erkenntnis und Blödigkeit–Unterwegs zum Paradies

智与愚
——在通往天堂的路上

锦葵的花朵
紧随太阳的脚步，
即使在雨季。

——松尾芭蕉

克莱斯特《论木偶戏》中的某些段落读起来就像庄子那些神奇的故事之一，似乎拥有世界上某些秘密的C先生看起来就像道家中的圣人。他最为赞赏的是木偶的优雅动作。根据他的理论，木偶的优雅源于它们没有灵魂，它们只是像人造的肢体一样，服从于纯机械，服从于纯物理定律："我低头不语，他问我：你听说过那些英国工匠为那些不幸失去自己下肢的人制作的假腿吗？……真遗憾，他接着说

一个日本木偶

皇后玩偶。出自《色与形中的日本传统》(*Japanese Tradition in Color & Form*),日弃贞夫(Sadao Hibi)摄,东京,1992年,第12页。版权所有:日弃贞夫。

能剧：没有灵魂的戏剧

能剧《夕颜》中的观世元雅。出自《东京：形与神》(*Tokyo: Form and Spirit*)，米尔德里德·弗里德曼（Mildred Friedman）编，明尼阿波利斯／纽约，1986年，第164页。

道，如果我告诉你，这群残疾人用假肢翩翩起舞，我说的是舞蹈，你可能不会相信。他们的动作范围的确十分有限，但当他们表演起那些动作时，坚定、轻盈且优雅，对一个有思想的观察者来说，这是无法忽视的。"《论木偶戏》本来也可以叫作《论灵魂》(De anima)。克莱斯特在那里提出了一门特殊的灵魂科学。他将人类舞者缺少的优雅归因于灵魂。人类舞者，即有灵魂的舞者，试图有意识地控制自己的身体。但他的意识是不完美的。它不断出错。灵魂总是失误："看看那个饰演达芙妮的女孩，他继续道，被阿波罗追逐着，她回头看他；她的灵魂压于她的背脊上，她弯曲着，仿佛要断裂……再看看那个饰演帕里斯的年轻舞者，当他站在三位女神中间，将苹果递给维纳斯时，灵魂仿佛重压在他的肘部（这是多么可怕的事情）。"C先生将木偶的优雅归因于它们的"无为"。没有"要做任何事情"，据他所说，木偶只是沉迷于"单纯的重力法则"。当它们被以单纯的直线方式移动，它们的肢体便会仿佛自动一般描画出复杂的曲线，不需要演员分别去移动肢体的每一个部分。当它们偶然被摇动，整体就会进入一种律动中。因此，我们就不由得要把此事与庄子的无为理论做一番比较。像毫不费力地流入山谷的溪水一样，木偶利用了重力之中的情境潜力（Situationspotential）。无须自己动作，它们让自己被重力法则所移动。相反，人类舞者则试图存心地、有意地去运动。他几乎总是做得太多。这种"动作过多"夺走了他运动中所有的优雅。这种被"道家"启迪的解读却在一个本质的点上失败了。因为木偶是"反重力的"："他补充道，这些木偶还有一个优势，就是它们几乎没有重量，这意味着它们不受惯性的困扰，这是舞蹈最抗拒的属性。要将其送往天空总要比将其拉向大地耗费更多的力。如果我们杰出的 G 小姐在跳'击足跳'或'转体动作'时，能减轻 60 磅的体重或获得等同于此的助力，那她会怎么样呢？这些木偶如精灵一般轻轻掠过地面，肢体动力的恢复仅需瞬息停顿，而我们人类则要依靠大地，调整后才能恢复这形体的动力……"木偶虽然是没有灵魂的物质（Materie），但它们也不知物质的惯性为何物。也就是说，它们不是纯粹的物质。神性的木偶戏演员用来操控它们的线，从它们那里拿走了物质的惯性，或说在某种角度上为它们插上了羽毛。如果是纯粹的物质，它们就不会是反重力的。像所有物质一样，它们会遭受重力和惯性。它们的反重力要得益于，从上方而来的垂直方向的力大于将它们束缚在地面上的重力。

克莱斯特笔下的舞者所渴望的反重力并没有赋予东亚以灵魂。东亚的舞蹈既没有高空的跳跃,也没有快速的旋转。将空与不在场转化成动作的韩国僧舞(sung-mu),在一种极慢的节奏中描画被拉长了的、尽可能水平的线条。日本能舞的基本动作也是平滑的脚步。舞者只用微微抬起的脚尖在地板上滑动,没有垂直方向的动作,没有英雄式的反重力动作打断水平的线条。与滑步的能舞舞者相反,克莱斯特笔下的木偶有赖于将它们向上拉扯的垂直方向的力,悬于地板上方。控制线早已将其与神、与神性的木偶戏演员联系在一起。它们仿佛是神性的肢体,是一种去物质化的物质。当克莱斯特将木偶作为一种纯粹物质与神相对立时,他的论证不是很连贯:"我说道……无论他如何精巧地呈现了这组悖论,都无法使我相信一个木偶可以比一具生命机体更加优雅。他却反驳道,在优雅这件事上,人类就更无法与木偶相提并论了。唯有神,才能与无生命的纯粹物质相比。那是这个圆环世界两端交汇之处。"

反重力是西方灵魂或说西方思想的基本特征。在伯尔尼高地旅行途中,黑格尔觉得群山就是"永恒死寂的大土堆",给人一种"单调而又拖沓、无聊之感:它就是如此"[52]。物质的惯性和重力让黑格尔感到无聊。即便是面对溪水在岩石间奔流,他也深觉厌倦。他称其为"永恒的嘈杂","对于不习惯这种声音的人以及数小时在近旁行进的人",它"最终都会引发无聊"。与此相反,黑格尔对瑞士小镇劳特布龙嫩(Lauterbronnen)的瀑布却很感兴趣。黑格尔被这一景观所吸引,并在日记中写道:"……浪花悠闲自在地坠落飞舞,颇有可爱之处。……任何受压抑的想法、关于自然不得不做的事情的想法就显得极为遥远,而生命始终在分解、跳跃……永远活跃地运动,倒是使人想到这简直像是自由的玩耍。"劳特布龙嫩的瀑布虽然本身也是没有灵魂的,但它升腾的水雾却唤起一种印象,仿佛它是被赋予了灵魂的,是反重力。反重力是黑格尔"精神"的基本特征。"自由玩耍","永远活跃地运动",这样的表象伪装成一种精神。水的反重力,这一无灵魂物质的"准"灵性,显然令黑格尔着迷。

C先生指出,为了更好地理解,人们必须仔细阅读过《创世记》的第三章才行。众所周知,这一章的主题是原罪。吃了智慧树上的果实使人类拥有了能分辨善恶的意识,即，使人类拥有了区分能力。但是，这种人类意识是有尽头的。C先生将人类所有的不足都归因于意识的有限性。它在整理，但却导致了无序。它在澄清，但却达不到透彻和分明。它在引领，但同时又使人偏航："我很清楚人的意识是如何损害自然之雅的。"它在抓取，也有所领悟，但却总是抓错："这样的错误是我们所无法避免的，毕竟我们已经吃了智慧树上的果子，而天堂已被锁上，智天使（希伯来语：Cherub）在我们身后……"

克莱斯特看到了摆脱人类此在之笨拙的方法，即，只有通过增强认知力和反思力，将知识和意识无限化，人类才有可能恢复优雅："那么，我尊敬的朋友，C先生说道，你已经具备理解我观点的一切条件了。我们看到，在有机世界中，随着思考逐渐变得模糊和微弱，优雅却越发璀璨而具有统治力。然而，就像从两条线延展出的两个界面在一侧无限延伸后，突然在另一侧相交，或者像凹面镜中的图像在无限远离后，突然又交织在我们眼前，当认知经历了某种无限后，优雅会再度回归。因此，优雅只在两种情况下以最纯粹的形式出现，要么在那些没有意识的存在中，要么就是在拥有无限意识的存在中，即优雅只在木偶或神的身上。我依然有些困惑，那么，我们要再次品尝智慧树的果实，以回到那原初的无罪状态。"

克莱斯特所讲的逸事遵循了西方形而上学思想的基本模式。柏拉图的"灵魂"也追求神性、无限性。在它的反重力中，它是欲望的器官。凭借羽毛，它摆脱了重力，飘向众神："羽翼的本性是带着沉重的物体向高飞升，升到神的境界。"[53]克莱斯特不断在意识与物质、精神与肉体、主体与客体、主动性与被动性的二分法中思考。世界首先是一种需要通过加强意识而去打破的阻力。技艺高超者须得凭借最大化的"作为"去打破物质的惯性。技艺精湛之理念（Idee der Virtuosität）也遵循二分法的模式。人们通过强化主体的作为来掌控客体，来打破阻力。作为行动的主体，舞者掌控他的身体。"能"（Können）与"力"（Vermögen）使其成为一位大师。优雅是掌控的结果。主体努力、投入地去掌控身体。Virtuosität（技艺精湛）一词来源于 virtus（Tugend，德性）。它的道德内涵首先是努力追求或努力拒绝。技艺精湛之理念就是这样反重力的。

相反，东亚思想是"亲重力的"。许多不同的哲学流派都教导人们为了世界内在性的规律而去贴近事物的自然真实,去把自己交付出去,去遗忘。最重要的是它超越了主体性的范畴,超越了物质与精神的二分关系。东亚思想只要还寻求贴近世界的重量,那么它就是亲重力的。它教导人们,努力才会生出阻力。把克莱斯特的话稍加变化就可以说:只要反思变得暗一点、弱一点,世界的优雅或说事物的优雅就会显现得越来越闪耀,越来越强势。亲重力性让世界的内在性在它的优雅、它的自然秩序中若隐若现,意识太突出的地方,它会被排挤。庄子会说,人们不是该去重新品尝智慧树的果实,而是要退回到不去吃它。

从庄子的角度,他会给 C 先生讲述一位非常健忘的男子的故事。他在行进途中忘了走,而身在家中又忘了坐。[1] [54] 又或者讲述一位木匠的故事,他甚至忘记了自己的身体和四肢("忘吾有四肢形体也",《庄子·达生》),但却换来了瞬间领悟树木天性的能力。他的格言是:"因为我让自己的天性和物质(指木料)的天性相合,所以人们将它当作神的作品。"[2] [55] 反思力、意识越薄弱,事物本身就越能展现出来。反思力之少仿佛就意味着世界之多。庄子一再呼唤

---

1 《列子·周穆王》:"在途则忘行,在室则忘坐。"
2 《庄子·达生》:"不然则已,则以天合天,器之所以疑神者,其是与!"

不在场与遗忘。圣人是"不在场且没有灵魂的"("莫然无魂",《庄子·在宥》)。他"像一个傻瓜,一个没有意识的人"("若愚若昏",《庄子·徐无鬼》)。最出色的骏马"仿佛不在场,仿佛忘了自己"("若卹若失",《庄子·徐无鬼》)。"忘记所有的事物,忘记天,人们称之为忘我。忘我的人,恰恰因为如此而达到天"("忘乎物,忘乎天,其名为忘己,忘己之人,是之谓入于天",《庄子·天地》)。好的统治者并非通过知识(Wissen,"智")来控制国家,而是通过愚钝(Torheit,"愚",《老子》第65章)。如果不用"愚钝"这个词的话,人们还可以说"愚笨"(Blödigkeit),因为"笨"(blöd)原本有"柔弱"、"畏惧"或"羞怯"之意。它是对于超越意识及反思层面,或说超越目的与意志之上的东西的一种敏感性。

与世界的关系并不是由作为与行动的决断、意识与反思的高光所决定。相反,人们通过退避到"不在场",通过忘掉或清空自己而让它发生,就好像那明亮的房间,正是因为它的空,才有能力接收很多的光("虚室生白",《庄子·人间世》)。人们追求的不是果断的行动,而是随意与轻松。这大概就是与西方自由观念相对应的东亚自由观念。

但是与自由理念相反——说到底这种自由理念是从无世界的主体出发的,这种轻松要归功于意识与世界、内在与外在的无分别。就算身体也不是控制的对象,也不是表达出灵魂或主体性的手段。当此事也涉及让身体摆出正确的姿态时("若正汝形",《庄子·知北游》)[56],那么这项关于身体的工作就仅服务于一个目的,即打开它,让那上天的生命力能渗透它,那上天的生命力能让整个世界恢复活力、焕然一新、和谐与宁静("天和将至")。

所谓"技艺高超"(virtuos)并不是像传说中的著名诗人陶渊明那样弹奏无弦琴。拨弦乐器没有琴弦,会让任何精湛技艺、灵活技巧变得多余。琴弦甚至会妨碍弹琴者演奏出伟大的音乐,因为伟大的音乐是无声的("大音希声",《老子》第41章)。它们甚至确定了什么是无法确定的。对琴弦和声音的弃绝并不是为了突出的东西,为了音乐的"绝对在场",或者能获取所有可以听见的声音的神性超越。它们并不是因为"太少",而是因为"太多"而被丢弃的。太多的作为、太多的现身在场会导致一个也许永无止境的过程的僵化和固着。陶渊明的手指并非在独立弹奏。他最多是在模仿上天的和弦。说他技艺高超,主要是因为他不费力气,因为他什么都不做,不寻求掌控任何东西。"技艺精湛"基于作为的最大化。如果陶渊明真的算技艺精湛的话,那么他是精湛在"无为"。

"黄帝"那奇妙的音乐摒弃了所有的限制。因此,它最先引发的是"惧"(Furcht und Scheu),随后是"怠"(Müdigkeit und Erschöpfung),接着导致"惑"(Verwirrung),最后让一种"愚"(Blödigkeit)的感觉产生。人们在无边界的宁静中失去自我,忘记自我("荡荡默默,乃不自得",《庄子·天运》)。怠与愚为不在场打开了广阔的空间。它们让"我"为了世界而退隐。名为"綦"的琴艺大师也以不在场的、忘我的("荅焉")姿态,演奏出天堂般美妙的音乐("天籁")。当他的学生们担忧地询问时,他回答说,他已经失去了"我"("丧我",《庄子·齐物论》)。

知识必须让位于遗忘,而遗忘是一种极致的肯定。庄子曾写到,当人们穿着恰当的鞋子,就会忘记他的脚。当人们佩戴恰当的腰带,就会忘记他的腰。遗忘建立在协调的基础之上,这种协调会导致无阻力、无强迫。人们忘记头脑,就有可能继续庄子的画面——如果人们恰当思考的话。当人们是完整的,就会连自己也忘了。当人们自己忘记了"恰当的存在"（das Richtig-Sein），就会产生一种完美的和谐了（"忘适之适也"，《庄子·达生》）。

庄子所要求的放弃知识、放弃认识（"去知"，《庄子·大宗师》），与C先生的想法形成鲜明对比。C先生认为，脱离人类生存之苦难的唯一可能性，就在于将认识最大化。人类的不幸正在于，智慧树的果实吃得不够多。人类被驱逐出伊甸园时，其意识还是有限的。因此，将意识无限化，重新品尝智慧树之果，人类才能被解救，或说被救赎。但是天堂的门已锁，天使展开翅膀，守卫着天堂入口。所以，克莱斯特故事的结尾是："我们必须环游世界，去看看它是否可能在背后某个地方被再度打开。"在环游世界时，人们肯定找不到敞开的能进入天堂的后门。但也许人们会意外地抵达一个陌生的、闻所未闻的国度，名为"中国"，它以自己的方式成为天堂或者乌托邦；抵达一个不在场与遗忘之地，在那里，人们在途则忘行，在室则忘坐，舞者忘舞，歌者忘歌。

Land und Meer–Strategien des Denkens

陆地与海洋
——思维策略

把爱奉献给塔楼吧,因为它们统治着沙漠。

——安托万·德·圣-埃克苏佩里

在西方哲学中,冒险航海是一个流行的对思想的比喻。对于西方哲学来说,征服风暴中的海洋就像一种英雄壮举。世界表现为一种需要以行为主义去打破的阻力。因此,黑格尔将思想比作在无边无际的海洋上冒险航行,在那里"所有缤纷的色彩和一切和煦的阳光都被吞没了"。面对大海的宽广和善变,精神感到一种"畏惧"(Grauen)。[57]

黑格尔对海洋及航海所做的地理哲学意义上的评论,相当于一种对希腊-西方思想的隐喻。黑格尔说,人们遭遇大海时,需要带着"狡计"、"聪慧"和"勇气",因为它是诡计多端的，是最不可靠、最具欺骗性的因素。它的表面是"绝对柔软的"。它不反抗任何压力，"甚至一缕微风也不反抗"。因此，它看起来无比纯真、顺从、友善、温和。但恰恰是这种顺从将海洋翻转为"最危险、最残暴的因素"，其中蕴含着它的欺骗性。显然，黑格尔无法认同水的优点，诸如顺从、温和，无法从中看到一种友善的、温和的思想的可能性。他很快将大海的残暴归咎于水的顺从。它的友善只是一种欺骗："人类仅用一块简单的木头去对抗这种欺骗，完全依赖于自身的勇气和机智果断，就这样带着自制的陆地，从固定的东西转移到无状的东西上。如海上的天鹅般用灵活而圆润的动作劈波斩浪、自在遨游的船只是一种工具，它的发明同样更多是给人类的大胆带来荣誉，而非给他们的智力。"[58]

注视着流水，黑格尔或许想到，水本身是具有欺骗性的，其原因是水随时在改变着自己的形式；它根本没有自己的形式，从未和自己保持同一，缺乏一切稳定性。显然，它在黑格尔的眼中是与真理相对立的形象。陆地虽然并不柔顺，对抗着施加于其上的外部压力。但同时，它提供了一个非常稳固的支撑，而海洋却是"无状之物"。陆地有稳定的形状。它身上蕴含着本质的一个重要特征——稳定性。黑格尔对水和海洋的感知始终被对固定之物的强制需求所引导。只有这种以固定之物为导向的做法才让海洋看起来是无状之物，是最危险的因素。

康德也用航海做比喻，来形象地表达其思想。苏格兰哲学家休谟为了安全起见，将他的船收藏于怀疑论的海滩，而船却在这里开始腐烂。与休谟相反，康德打算将他的船托付给一位航海家，他"备有一张详尽的海图和一个罗盘，将根据从地球知识得来的航海术的可靠原则，能够随心所欲把船安全地驾驶到任何地方"[1][59]。康德的航海术通过将海洋围绕在一个原则体系中，通过将海洋完全绘制在不可移动的坐标上而征服了海洋。西方思想发源于对一个确定原因的需求。恰恰是这种对稳定性、确定性的强制需求，让所有的偏离、变化和不确定性都成了一种威胁。

如果理性作为"真理的最后一块试金石"[60]驶向客观观点之外，那么它就会陷入一个夜晚的空间。它必须在这个"不可度量的"、"被浓重的黑夜所填满的超自然之物的

---

[1] 译文引自康德《未来形而上学导论（注释本）》，李秋零译，中国人民大学出版社，2013年，第7页。

空间"[61]里找到路径。其间它只能遵循它的"需求",即"必须下判断"。为了得到满足,它需要一个提供最大的恒久性和广泛性的"准则"。该准则需要去照亮深不可测的黑暗。即便是"浓重的黑夜",若仔细观察的话,也不是实事性(Faktizität)。它更多是强制的产物。只有真理律令才会熄灭所有友善的光。这一律令的强制性越高,夜晚就会越黑暗。只有对固定秩序的强制追求才让水显得无状、不确定、有欺骗性。它的温柔与友善被刻意忽略了。

康德关注到了存在的浅滩与深渊,那么对于海德格尔来说,他就是一位"真正的"思想家。海德格尔说,思考"热爱"深渊。思考得益于"向着根本性的畏的清晰勇气"[62]。思想的开端并非对世界的信任,而是恐惧。因此,思想毅然承受着那"使我们进入深渊的惊恐心情之中"的"无声的调音"[1][63]。在海德格尔那里,人们也能找到关于勇敢承受着思想的深海这一比喻。在希腊旅行途中,他想起那位古希腊抒情诗人品达,据说他把克里特岛称为"驯服海浪的岛屿"或"擅用长桨的故乡"[64]。看来,思想也必须去驯服

---

1 译文参照海德格尔:《路标》,孙周兴译,商务印书馆,2000年,第357页。

狂野的海浪，因为它活动于"大海的波涛"[65]中，于"潮水的深渊"[66]里。

精神如"海上的天鹅"般，脚踏"一块简单的木头"，在"自制的陆地"上勇敢地与"无边无际的海洋"斗争，这样的图景在中国人这里一定看不到。虽然庄子也谈及船只和大海，但却是关于一种全然不同的比例关系。在《庄子》第一篇中，他讲到了有大鱼生活于其中的北海。大鱼变身为一只巨鸟，翼展横跨千里。单从体型上来说，它已经大大区别于那弱小无助的海上天鹅。尤其是当考虑到其居民的规模，海洋没有任何威胁。与大海的关系被一种全然不同的外观所决定。庄子谈到，一小摊水只能浮起草茎，浅水是无法承载大船的（"水浅而舟大"，《庄子·逍遥游》）。只有深海能承载它，助它起航。名曰"鹏"的巨鸟也要飞得极高，才能被九万里高空中的大风托起，朝着南海飞去。因为它的硕大，强风也不能伤它分毫。它御风而行。微风不具备足够的力量负载它巨大的翅膀（"风之积也不厚，则其负大翼也无力"）。此处，比例关系的翻转非常有趣。精神并非海上的天鹅，要去征服浩瀚、充满敌意的大海。相反，它和大海一样大，一样广阔。它与整个海洋交织在一起。如果它就是大海，那么大海对它就没有威胁。包罗万象的精神不会被强风所控制。相反，它主动寻求大风助其九天翱翔。

庄子世界里的居民常常被放大到难以想象的地步。有一个钓鱼者把五十头牛放在鱼竿上作为鱼饵，蹲在一座高山上，将鱼钩甩入东海。捕获的鱼本身就很大，当它用鳍拍打水面，掀起的海水白浪滔天，波峰如山。庄子还讲述了一棵树的故事，对它来说，八千年为一春，八千年为一秋。庄子拿它来和小蟪蛄做对比。小蟪蛄只能活一个夏天，因而根本不知春秋。这棵树完全超出了它的想象，它理解不了这棵树。庄子还讲述了另外一棵大树的故事，它多疤、弯曲、发育不良，没有任何用处。惠子只看到它的无用。针对惠子的无用论，庄子反驳道，为什么他不可以在这棵颇具艺术美感的树下自在漫步，或者在树荫里小憩一会儿呢？还有那体格健硕、仿佛垂天之云的牛，被庄子用来和小小的狸狌做比较。狸狌随心所欲地蹦来跳去，追逐老鼠，最终自投罗网，命丧猎人设置的机关之中。巨牛有能力做大事，它不会去捕捉老鼠。庄子的话本身也很大，以至于显得没什么用处（"大而无用"）。这些话一意向前，不会折返（"往而不反"）。因此，人们无法对它们做出定论。庄子还谈及一种巨大的葫芦。惠子抱怨葫芦太大,无法制作汲水之瓢,庄子则说,惠子因自己的局限而对如何利用大的东西一无所知。他问惠子为什么不把大葫芦制作成渡江跨海之舟呢?庄子的结论就是:小智慧无法企及大智慧("小知不及大知",《庄子·逍遥游》)。

卫礼贤将庄子笔下的大鱼称作"利维坦",这是不恰当的。这个《圣经》里的名字引发的想象与庄子的世界完全不符。《旧约》中的海怪反抗上帝,反抗上帝的创造。在《旧约》的想象世界中,海洋本身就是威胁神圣秩序的反上帝力量的象征。[67]"利维坦"这个名字所引发的想象是创造与混乱,这对于中国的思想来说是很陌生的。大鱼与希腊世界中的海怪也鲜有共同之处,海怪是残暴、致命以及不可估量的。虽然它们偶尔也与知识和智慧有关联,但知识和智慧被掩盖在神秘与谜题之下。因此,普罗透斯的变化无常,是为了隐藏他的知识。他的本质特征是退隐。人们只有通过狡计与暴力,才能把知识从他手中夺走。[68]塞壬女妖所承诺的知识[69],也被掩盖在神秘与谜题之下。它与死亡为邻。古希腊的赫拉克利特也认为"自然"喜欢隐藏自己,尽管他为了"变化"而放弃了"存在"。与此相反,中国的智慧并不隐藏自己,不退隐成神秘。它更多是置身于一种尤其显著的光芒中,置身于光明正大的"如此存在"(So-Sein)中。

庄子笔下之事物的超大维度,并不是为了通过使物体超过可想象的规模而制造一种崇高感。康德把"全然伟大的"(全然无法较量的伟大的)东西、"超越一切比较地大的"东西称为"崇高"[1][70]。当物体的大小超出对尺寸进行美学评估的想象力时,崇高感就产生了。想象力无法将其概括在一个画面中。由于无法表现它,想象力就被引导至超越它自己之外的另一种认识能力,即理性。理性因为不依赖于感官而能产生观念,比如无限性的观念。崇高感要归功于想象力与理性、感性与超感性之间的矛盾。它产生于感性超越超感性的瞬间。它是一种垂直的感受,一种超越感。它有赖于内在性与超越性、现象(Phaenomenon)与本体(Noumenon)的二分张力。与此相反,庄子笔下事物的超大规模并未通向超感性或者无限的"观念"。它并没有终止于这一要求:"一切在自然界里对我们来说是大的对象,

---

1 译文参照康德:《判断力批判》(上卷),第87页。

在和那理性的观念相比较时,将被估量为小。"[1][71] 庄子的超大规模策略更多是一种去局限性(Entschränkung)、去实体化(Entsubstanzialisierung)、清空以及去分别化的策略。庄子的"大"意思是超越僵化的区分和对照,超越所有终极的确定,或说去分别化为一种公正的友善。如世界一般大者,便不会被这世界上任何事物所阻挠、妨碍。有能力去局限性为世界,而不是在世界里居住的人,便不分往与来、上与下、忆与盼、乐与烦、好与恶。"在−世界−之中−存在"(In-der-Welt-Sein)让位于"世界−存在"(Welt-Sein)。这也正是"将世界置于世界之中"("藏天下于天下")的意义。"大"使"此在"(海德格尔)脱离了它的操心结构。这导致了一种对操心的消除(Ent-Sorgung,去−操心)。《庄子》第一篇多次出现巨型生物,而这一篇所讲的正是一种无忧无虑的漫游("逍遥游")。它讲述了一种独特的"轻松自在"(Mühelosigkeit),这可以是西方的自由概念在东亚的对应物。

黑格尔指出,中国虽然临海,但却与海洋没有积极的关

---

[1] 译文参照康德:《判断力批判》(上卷),第97页。

系，海洋对于中国人来说"只是陆地的终结"。与黑格尔的推测相反，中国人绝对与海洋有着积极的关系。当然，从陆地到海洋的过渡并不是"从固定的东西转移到无状的东西上"、能够唤起探险的兴趣或带来恐惧与害怕的过渡。中国思想中蕴含着一种全然不同的与世界的关系。它的特点不是恐惧，而是对世界深深的信任。

《庄子·秋水》极有可能是一篇关于水和海的文章，其中包含河神与海神的对话，而海神代表的是圣人或"获取知识的人"。开篇是这样的：

> 秋水时至，百川灌河。泾流之大，两涘渚崖之间，不辩牛马。于是焉河伯欣然自喜，以天下之美为尽在己。

由于洪水泛滥，人们无从分清此岸的牛和对岸的马（"不辩牛马"）。有趣的是，上涨的河水消弭了差异，但它却并不被视为威胁。相反，牛和马几乎无从区分，事物流入彼此，这是很美好的。美不是明确的分离，而是向"无分别"过渡。

海边暮色薄，

野鸭声微白。[1]

——松尾芭蕉

在东亚，水和海洋占据着完全不同的意义领域。它们象征着完全不同的事情与关系。它们经常充当"无分别"的媒介。水自身没有形状，从这一点上说，它就是无分别的。它没有内在。因此，它与本质相对立，本质坚持自我，维持自我的同时又区别于其他，或者对抗着其他。水虽然没有自己的形状，但却绝不是"无形状的"（amorph）。其实它始终在被塑形。因为它接受其他东西的形状，目的是展开自己。它是友善的，因为它并不自我设定，而是可以被设定。它贴合着任何形状。它没有任何硬度，因而它从不实施强制。它是柔顺的、贴合的。它不会撞上任何阻碍。因为它不坚持自我，不做任何反抗，不与任何事物作对，也不争辩（"不争"，《老子》第8章）。所以，最高级别的德性就像水（"上善若水"）。因为它是虚无的，没有固定的形状，

---

[1] 译文引自松尾芭蕉：《奥州小道》，郑民钦译，河北教育出版社，2002年，第13页。

没有内在，或说是不在场的，所以它可以在任何地方，可以是一切。硬物易碎，激起抵抗。实施强迫者亦遭受强迫。水通过顺从而克服了障碍。它通过弯折而得以舒展。因此，老子写道："弱之胜强，柔之胜刚。"（《老子》第78章）

大海象征着无分别的世界内在空间，事物从该空间中呈现出来，又流回该空间。那里虽然蕴含着一种成形力，但它既未导致终极的区分，也未导致僵化的对照。当河神（河伯）问是否可以以天地为大、以毫末为小时，海神（北海若）是这样回答的："不可以。物的数量是无穷尽的，时间是不会停止的，得失不是恒常不变的，终始也不是固定不变的。所以大智之人能够观察远处和近处的一切事物，因而小的东西不觉得小，大的东西也不觉得大，这就是说他深知物量是没有穷尽的。"[1][72]

古代汉语本身就是一种无分别的语言，一种流动中的语言，或说有流动性的语言。它具有极强的变化能力和丰富的过渡、中间等级以及交叉现象。古汉字的语法价值无法明确定义。它们位于一个连续体中。某些汉字优先被用于表达某

---

[1] 《庄子·秋水》："北海若曰：'否。夫物，量无穷，时无止，分无常，终始无故。是故大知观于远近，故小而不寡，大而不多；知量无穷。'"

种特定的语法功能，但大部分汉字表现出极高的灵活性。比如"大"字，可以是动词、形容词、名词或者副词。语法上的不固定状态并不罕见。一个字的语法价值不是它的固定属性。它更多是产生于关系，也就是上下文。因此，人们无法一眼看出一个字的语法价值。古代中国汉字的含义也不是唯一的。"为"字在及物与不及物、主动与被动之间来回转换。"而"字既可以表达并列或递进，也可以表达转折。它标志着一个过渡，一个连接物，可以说是一个转辙器，且不确定通往哪个方向。

本质不仅产生内在和外在的纵向张力，也产生同一性和差异性的横向张力。这有助于一个人在维持自我的同时区别于他者。固定的轮廓勾勒出本质。空是与本质对应的形象，它使世界不在场。古汉语本身就是一种空的、不在场的语言。它的文字是极具运动性的元素，本身没有固定的本质特征。只有在特定的情况下，它们才展现出其身份，一旦脱离了其位置，就又退回到无分别之中。

没有固定词汇标识的字，在古代汉语中被称为"空字"（虚词）。作为助词，它们如同语言中的黏合剂或润滑剂，负责构建句子结构或语气。它们大大增加了古汉语的机动性和可塑性。如果没有它们，古汉语会凝滞为僵化的、一维的结构。有趣的是，它们被称为"虚"词。"虚"并不意味着它们缺乏意义。它并不代表否定。相反，与之相关的是肯定的东西。水也是虚的，因为它没有自己的形状。但正因为这种虚空，它可以承载、移动和激活一切。虚词的作用就像水一样，本身没有形状。

古代汉语还区分"活字"和"死字"。死字表达的是名词性的或者形容词性的状态。相反，活字则是表达动词性的过程。"活句"也指那些偏离了一般规则、用来构成特别语境的表达方式。只允许单一语义存在的词句，则被称为"死句"。中国人把同一的、不变的、坚持的或持续性的东西体验为死的。相反，被肯定为活的或者生机勃勃的则是转变、变化、过渡以及无分别状态。对于整个东亚的感知来说，活力并不表现为坚持的力量，而是表现为转变和变化的力量。光在西方思想中经常作为隐喻出现，却无法传递这种活力。光元素虽然不像陆地那样坚实，但光有刚性。对应这种活力的恰恰是水的属性。这正是水的形象在东亚思想中不断重复出现的原因。诸如"根据"和"基础"这样指向"坚持"的术语，不属于东亚思想语汇。

在古代汉语中，那些经常被不确定性或说无分别性的光晕（Hof）所包围的字，被按照一种非常微妙的逻辑进行排列，人们很难将这种逻辑收入一本语法规则手册中。西方语言中的词语仿佛是彼此链接在一起的，没有任何偏离的可能性。与此相反，古汉语的字与字之间却有间隙，使得它们非常容易移动。自由的间隙，或说无分别的空间，虽然给含义或者语法价值的明确性增加了难度，但它们却也赋予语言一种优雅与生机。古汉语发展出一种独特的风格和美学。表达上的省略和简练给人以美丽而典雅的感觉。古汉语以隐晦或电报般的简洁而显得光彩夺目。当然，这里的隐晦并没有秘密，电报也并非加急。人们只表达最为必要的内容。因此，古汉语中融合了诗学和经济学。优雅的语言风格，不是划出清晰的界限，而是用中间状态的语气或说中间状态的含义来说话，它是可以用来过渡的；不是归纳，而是彼此并列；不是固定或者保持，而是让其流动。

在古汉语中，无论文字的含义还是其语法价值都只源于它在句子结构中的位置。因此，它们并不体现文字的固定属性。中国人的思维也不是把一成不变的本质作为事物的基础。他们表现得就像"虚词"。虚词不是实体的载体。它们对自己来说更多是不在场的,或说是无分别的。只有特定的语境才能帮助它们获得一个身份,找到一个特定的角色。没有固定意义的字被称为"虚"并非巧合。"虚"是中国思想的一个惯用语。道教的"虚"是极端形式的"虚词",或说是"最虚的词",出于无分别状态而接纳任何语法形式,或说能够转换成任何字。

庄子笔下的无分别状态[73]叫作"浑沌"(《庄子·应帝王》)。有趣的是,这两个字的偏旁都指向水。拟人化的浑沌生活在南海与北海之间的"中央"(Mitte)。他对待南海的统治者"儵"和北海的统治者"忽"非常热情友好。因此,他们便考虑如何回报浑沌。浑沌没有可以看、听、饮食和呼吸的七窍,因此他们决定帮他打通七窍。他们一天帮浑沌凿出一窍,到第七天的时候,浑沌便死了。这个故事内涵丰富。浑沌的友好和善良恰恰源于他没有七窍,也就是说,没有用于区分与判断的器官。作为"中央之帝",他是无分别的、不偏不倚的。他所居住的"中央"并不是数字或几何意义上的"中间",不是量的"中间"。它更多地意味着"中介"(Ver-mittlung),发挥着平衡、调谐的作用。七窍,或说用于区分的七个器官,破坏了他的无差异,即破坏了他的友好与善良。

对中国人来说,海洋既不是混乱或深渊的象征,也不是引诱人去冒险的神秘与谜题之地。它既不是奥德修斯之海,也不是康德或黑格尔之海。它更多是一个无分别之地,一个不受限、不枯竭之地。从陆地到海洋的过渡,在东亚地区并不被经验为从固定的东西转移到无状的东西之过渡,而是从有限度到无穷尽和全方位之过渡,是从分别到无分别、从充实到空虚、从在场到不在场、从执着到淡定之过渡。这不仅适用于道家,也适用于禅宗。顿悟的时刻是一个重大过渡的时刻,海洋的感觉由此产生。

> 突然,广阔的天空变成了废墟。神圣的、世俗的都消失得无影无踪。……在寺庙前,明月高照,风飒飒作响。所有河流的水都流入大海。[74]

对中国人来说,水或海是一种思想或行为的象征,这种思想或行为能够依据情境,去适应和贴合世界的变化以及事物的转变。世界并非深不可测或不可理喻,它只是有着多种面貌而已。世界不是"存在",而是不断改变进程的"道路"。东亚思想并不围绕着同一的东西。因此，变化和改变不会被视为威胁。它们只是我们必须适应的事物的自然过程而已。它的思考方式是情境式的，或说是在不同的形势下思考，而这些形势是不可能被迫遵循相同的原则的。人们不会根据不变的坐标进行定位。相反，人们需要及时地认清每一种形势并做出适当的反应。与这种反－作用的（re-aktiv）、反－应的（re-agierend）思想不同，西方思想是积极的（aktiv）、行动的（agierend），从一个固定的角度来看待世界，或说刺穿世界。中国的智者并不像那些冒险的水手那样刺穿世界，而是去贴合它。人们要尽量使思想保持如此的贴合，以便接纳多种可能性。东亚思想不拘泥于根据和原则，从这个意义上讲，它是友善的。它的智慧是"慢"的。由于固定规则的不在场，犹豫是其本质的一部分。这种智慧是一种犹豫不决的学问。"慢"和友善是东亚思想行走的姿态。如此看来，尼采不是一位对"慢"友善的思想家。在一份遗稿中，尼采写道："女人的反应比男人慢，中国人的反应比欧洲人慢……"[75]

尽管尼采对希腊形而上学思想进行了大刀阔斧的修正，甚至可以说是颠覆，但他仍然是一位西方思想家，也就是说，他仍然还是一位奥德修斯。他对海洋和航海的大量比喻将其希腊渊源表露无遗:"一切讲话,对我来说都太缓慢——暴风啊,我要跳进你的马车里!我也想用我的愤怒的鞭子抽打你!我想要像一声大吼和一阵欢呼一样越过辽阔的大海,直到我找到我的朋友们居住的幸福之岛。"[1][76] 一种对未知、神秘和谜题的向往,一种抑制不住的渴望驱使尼采坠入大海:"每逢我心中萌发出探求的快乐,要扬帆起航去探求尚未被发现的事物,每逢在我的快乐中存在着航海者的快乐……"[2][77] 思想仍然刺向大海,驶向未知:"你们从未见过一片征帆飘过海上,被猛烈的风吹得满满地、鼓鼓地颤抖?我的智慧——我的粗野的智慧,像征帆一样,被猛烈的精神狂风吹得颤抖地飘过海上!"[3][78] 获取和占有仍然决定着与世界的关系:"……尽管世界像是一片阴暗的动物森林和一切粗野的猎人的游乐园,而在我看来,倒不如说更像是一片深不可测的丰富的大海。——充满多姿多彩的鱼虾的大海,就是神灵们也会渴望到这座海边去当个渔夫和撒网者:世界

---

[1] 译文参照尼采:《查拉图斯特拉如是说》,钱春绮译,生活・读书・新知三联书店,2007年,第89页。

[2] 译文参照上书,第277页。

[3] 译文参照上书,第116页。

就是这样富于大大小小的奇珍！"[1][79]尼采一再谈及"伟大的渴望"（große Sehnsucht）。"渴望"对于东亚来说是陌生的，它不认识人们可能驶向的极端的他处（Anderswo）。在没有神秘与谜题的世界里，在上天的正大光明的中央，在"如此存在"的显而易见的中央，既没有渴望也没有冒险的快乐觉醒。东亚文化不是一种激情和渴望的文化。因此，东亚思想也致力于特殊意义上的日常、此地和此刻。

注视着流水，一定也多次让孔子想到，天下没有固定的秩序，没有恒久的状态："夫子站在河边说：'一切都在河水之中流去，日夜不停！'"（"不舍昼夜"，《论语·子罕第九》）。"舍"也有房屋和栖居之意。流水不住。它是不在场的。孔子也会这样教导人们。水是不存在的。孔子本可以用这种方式教学。他不遵循一成不变的、普遍的原理和准则。相反，他贴近具体的情况。因此，孔夫子的言辞丝毫不僵化。有一次他对学生说："对我来说，没有什么会是绝对有可能或者绝对不可能的。"（"无可无不可"，《论语·微子第十八》）同样，他也不知道什么是绝对必要

---

[1] 译文引自尼采：《查拉图斯特拉如是说》，第282页。

的("毋必")。孔子避免任何最终确定,所以他也没有坚定的意见("毋意"),他不知道任何执着("毋固")。孔子从不定义。定义是从特殊引向普遍的方法。他的话语没有论证式的延伸。它似乎在不停地指路,而不是通往什么地方。尽管简短,但他的表达并非格言警句式的。格言在思想上有一定的明晰性。相反,孔子的话语仿佛是圆的,无法变得尖锐。

在《实践理性批判》的最后一章中,康德将科学描述为智慧学说:"(以批判的方式觅得的和从方法上导入的)科学是导向智慧学的狭窄之门。"[1][80] 根据康德的说法,哲学是这门严格科学的守护者。但在没有数学的情况下,它的工作过程与化学类似,即"分离"(Scheidung)[81]。作为"分离艺术家",哲学家从源自经验的多样性中分离出一些恒定的东西,即一般定律或原则。思想需要通过分离和区分进入一个稳定的层次。在这方面,康德的分离艺术家与笛卡尔的地质学家没有本质上的区别,后者通过挖掘而寻求稳定的、不可动摇的基础。笛卡尔在《谈谈方法》(*Discours de la*

---

1 译文参照康德:《实践理性批判》,韩水法译,商务印书馆,2000年,第179页。

méthode)中写道:"我的整个打算只是使自己得到确信的根据,把沙子和浮土挖掉,为的是找出磐石和硬土。"[1][82] 笛卡尔的上帝只不过被认为是永恒不变的确定性的守护者或保护人:"我们也很清楚,上帝的完美就在于,他不仅自己是恒久不变的,而且以一种极其稳定、恒久不变的方式行事,以至于……不可以将任何哪怕透露出一点点儿不稳定性的作品归于他手。"[83] 思想努力抽干泥沼般的世界,给它以固定的轮廓,迫使它形成固定形状。这是一种将思想地形化、领土化的尝试,总的来说就等于将其神学化。与此相反,东亚思想所遵循的脉络则是,使思想定居在固定的形状之外,将其去领土化,去地形化,或说去海洋化。

东亚饮食本身就是一种去领土化的饮食。这里的一切都被分割成小块。花样繁多的食材——蔬菜、菌菇、鸡鸭鱼肉,被充满想象力地拼成丰富的组合。盘子上几乎不会出现一些固定的或大块的东西,人们不需要用锋利的刀子去拆解它们。用餐的过程不是用叉子去刺,而是用筷子去夹。此外,东亚饮食没有核心,它似乎瓦解成碎片或者平行的事件。人

---

1 译文引自笛卡尔:《谈谈方法》,王太庆译,商务印书馆,2000年,第23页。

们并非守护着自己的盘子，而是让手和目光在多个盘子之间来回逡巡。从这一点上看，它也是去领土化的。诸多佳肴属于所有人，同时也不属于任何人。因此，东亚饮食给人一种去-主观化或去-个人化的感觉。与此相反，西方饮食中，摄取食物的所有流程和用具都是为了将就餐领土化、个人化。

康德是一位"畏"之思想家（Denker der Angst）。他一定一次又一次地感到极度的"畏"，甚至晚年在面对一碗稀汤时。他曾抱怨说，（汤）上面海洋太多了，缺少坚实的陆地。一看到饭后甜点是布丁，他甚至惊呼："我需要有形的东西，有确定的形状。"如果别人把剪刀错放到他的书桌或椅子上，年迈的康德也会陷入慌乱和绝望。他显然已经失去了对这个世界的所有信心。但至少他还能轻而易举地刺入汤中。他如何能忍受得了看到那清澈的日本汤？然而罗兰·巴特却把这种汤的空无一物描写得如此美味：

> 原汁清汤很清淡，稀薄如水，黄豆或菜豆的细屑在里面漂动，罕有的两三个实物（一小段青苗、蔬菜的细丝，以及一小片鱼肉）漂浮着将汤水分开，让人感觉到

一种清亮的浓度,一种无油脂的营养,和一种提神药剂般的澄澈——某种水生的(比水溶物更丰富)、海生的精巧事物让人想起源头,想起深厚的生命力。[1] [84]

---

[1] 译文引自《罗兰·巴尔特文集:符号帝国》,汤明洁译,中国人民大学出版社,2018年,第14~15页。

Tun und Geschehen–Jenseits von Aktiv und Passiv

作为与发生
——超越主动与被动

总有一些会产生声音的事情发生。一旦人们真的开始去倾听,就没有人会有任何想法。

——约翰·凯奇

有些语言表达在西方很自然,但在东亚语言中却很少被使用。例如,在韩国,人们不会说"我认为"。虽然从语法上讲,这个短语是可能存在的,但听起来很不寻常。相反,他们说的是 seng-gak-i-dunda(韩语:생각해 된다),这是一个不可能翻译成德语的短语。用德语来说,它大致是 Der Gedanke hat sich bei mir eingenistet(字面意思:这个想法已经在我这里筑巢)。但更准确地说,这个翻译是错误的,因为使用反身代词 sich,人们就把"想法"主体化了。但那

个韩语短语是没有任何主体性的。如果翻译成 Der Gedanke ist mir gekommen（字面意思：这个想法来到我这里），同样也是错的。这个翻译虽然没有反身代词也成立，但动词 kommen（来）却再次暗示了一些主体的东西。第三格的 mir（我）强调了作为承受方的被动主体。相反，这个韩语短语中没有任何线索指向接收人。如果翻译成 Der Gedanke ist mir eingefallen（字面意思：这个想法突然侵袭我），同样也有问题。无论第三格的 mir（我）还是动词 einfallen（侵袭），都强迫这个蕴含着无主语之宽广的韩语短语，再次进入主语结构的狭隘之中。此外，这个韩语短语中也没有来自突然侵袭而来的想法的下降动作。该想法某种程度上是在没有我干预的情况下出现在那里的。它就在那里，没有强加给我或者什么人。短语中也没有被动主体，承受着所发生的事情。它表达的就是一种简单的"在那里"（Daliegen），并没有任何人参与其中。在韩语中，一个想法很少被强调或署名为我自己的。在某种层面上，说话者使自己完全不在场。他退隐到一个永久的"看上去是如此"（Es-scheint-so）状态，而这种状态并不意味着事实的相对化。就这一点而言，这种回避了所有无条件、终极性的"看上去是如此"状态是一种绝对的"表象"(Schein),因为没有人能够将其转化为一种明确的真理"事情就是如此"(Es-ist-so)。事实让位于"看上去是如此"。此外,退回到"看上去是如此"是一种礼貌的表达。事实是粗鲁的。它没有迂回着到来。它直截了当地到来了。

当人们在德语中说 Ich sehe das Meer(字面意思:我看到了大海),这最正常不过了。但在韩语中这听起来又是很不寻常的。相反,人们会说 bada ga bo inda(韩语:바다가 보인다)。这个短语同样无法被翻译成德语,翻译成 Das Meer ist sichtbar(字面意思:大海是可见的)或 Das Meer erscheint mir(字面意思:大海出现在我面前)都不恰当。正在看的主体和被看见的客体之间的分别太明显了。这个韩语短语并没有明确指出主体,客体对这个主体显现出来。大海的景象(Anblick)就在那里,就明明白白地摆在那儿。"凝─视"(An-blick)的方向性又太强烈了。这种感知方式是这个韩语短语的依据,它缺少与客体的相对。此外,它是没有方向的、非透视的。没有主体占据一个位置,并从这个位置凝视客体。大海就在那里。"我"顶多就是这个"在那里"的一个宁静的共鸣空间。这个短语打开了一种无主体的广度,

而当人们把它翻译成 Ich sehe das Meer（字面意思：我看到了大海）时，这个广度就会完全消失。像 dunda（韩语：된다）或 bo-inda（韩语：보인다）这样的动词也没有标识出被动态。韩语不明确区分主动态和被动态。它可以很好地表达出"发生的事情"（das Geschehenhafte），在这件事情上并没有任何主体参与其中，无论主动发出还是被动承受，一个"事件"（das Geschehen）就这样发生了（statt-finden 或 statt-haben）[1]。"找到"（Finden）和"拥有"（Haben）都太主动了。在东亚语言中，主语常常是完全被省略的。动词单独存在的情况并不罕见，这也就导致要把某个行为明确地归为某个主体是不可能的。由于主语经常不在场，对一个行为的描述看起来就常常是一系列没有人特地参与的事件。

在古代汉语中，动词经常处于主动和被动的无分别状态中。为了特地表达出被动，人们会使用被动助词"见"（看见）或者"被"（遭受）。例如，人们用"见恶"（字面意思：看见厌恶）来表达"被憎恶"。被动不一定非要用助词来表示，被动关系也会简单地被涵盖在整体句意中。在秦朝

---

[1] 此处作者列出两个表示"发生"的德语词汇 stattfinden 和 statthaben，里面分别包含 finden（找到）和 haben（拥有）这两个单词。

以前，用语法助词表示的被动态很少见。被动关系的表达只是通过简单地在动作发出者前面加一个介词"于"来完成，而动词本身既不表达主动关系，也不表达被动关系。例如："小人役于物"[1]——普通人被世俗事物所役使。在汉语中，动词"役"为不定式原形。它既不是被动的，也不是主动的。

德语被动态 sie wird geliebt（她被爱）表达出一些与古汉语被动态"（她）见爱"（sie sieht lieben，字面意思：她看见爱）完全不同的东西。德语的被动态，或说西方语言的被动态走得更远，或说探得更深。它说明的是一个人的心情、状态。sie wird geliebt（她被爱）仿佛渗透整个躯体，触及人的每一根肌肉纤维和神经纤维。中文的被动态没有这种深度、穿透力和弯曲的决心。对于语言中的屈折变化（Flexion，字面意思是"弄弯"和"弯曲"）[2]，人们不仅应该从语法上理解，也应该从身体和心理上理解。它塑造、变位、屈折了的不仅是动词，也有身体和灵魂。与此相反，中文的被动态"她看见爱"，更多是标识出对"发生"的关注。

---

[1] 《荀子·修身》："君子役物，小人役于物。"
[2] 屈折变化是一种以表征语法为目的而进行的词形变化，例如德语中的动词变位，名词、代词、形容词的变格等。

它不会使"灵魂"屈折。

日语中也有一种既不被动也不主动的动词形式。jihatsu（日语：自発），指的是一件事仿佛自己发生的一样。sich ereignen（自己发生）中的反身代词 sich 再次破坏了它所表达的"发生的事情"。事件中没有出现主语。在德语中，人们无法逃离（entkommen）主语。因此，那些无主语的事件，人们可以称其为"逃避"（Entkommnis）[1]。人们也可以称其为"不在场"。逃避和不在场表现的是一种"就在那里"的发生，没有我去注意，没有我特地去引发或准许，没有我明确地去承受，也就是说，它超越了主体和客体、主动和被动。写作也不再是一个举动，而是一个无主语的事件。没有我的知识、我的意图，它是自己完成的。吉田兼好的名著《徒然草》开篇写道："当我独自一人百无聊赖，便整日坐于砚前，将脑中思绪一一记述，既无前后关联，也无特殊意图。自己始终深感怪异。"[85] 他之所以感到怪异，是因为事关这是一种逃避，一种不在场。有些事情发生了，但没有我

---

1 德语中，动词 vorkommen 意为"出现"，由它衍生而来的名词 Vorkommnis 意为"事件"；动词 entkommen 意为"逃脱、脱离"，而 Entkommnis 一词其实并不存在，作者仿照类似的构词法故意为之，以与 Vorkommnis 相对应。

自然发生的写作

鸟居清长（Torii Kiyonaga，1752—1815）：《紫式部——〈源氏物语〉作者》（*Murasaki Shikibu, Verfasserin des Genji Monogatari*），木刻版画。

的"作为",没有我的意图,没有我的意愿,甚至没有我。有些事情就在那里,既非我创造,我亦未承受。因此,事后我对此感到惊奇。

我们也不能简单地说,西方文化就是与东亚的被动文化相对而立的主动文化。主动和被动是密切相关的。二者联袂演出。主动越亮,被动越暗。它们对彼此的态度就如光和影、高山和深谷。特征鲜明的被动态只有可能出现在强调主动态、蕴含着英勇行事的主体之决断的语言和文化中。东亚文化根本上是一种不区分主动和被动的文化,其中很少有明确显示出主动或被动从而表明行为之间联系的短语。大多数短语退隐至单一事件的无分别中,没有受害者和施害者,没有犯罪和赎罪。

在古希腊语中人们称"下雨了"为 Zeus,或者更准确地说 ho theos huei(宙斯或上帝使之下雨)。这个神性的主体将事件转化为行动。西方思想显然很难去思考一个无主语的事件,一个"如此存在",一个简单的"呈现于面前"。作为形式主语,es 一词是这种主体化思想的空洞反映。与此相反,在古汉语中,"下雨了"(Es regnet)只对应一个字——"雨",意为"雨水"或"下雨"。

"雨"这个汉字只是描摹了下落的雨滴。它并没有透露出是谁让天下雨。中国人在纸上画下几滴雨的形状。"雨"字是一个非常乏味的图像,简单地关注着一个事件,一个就摆在那里的"如此存在"。人们只能看到寥寥雨滴而已。它记录下落的雨滴。它只要展现这一可视性就可以了。雨——就是这样,无须再画蛇添足。这种朴素和克制并没有想象的那么简单。设置一个起解释作用的主体会更简单。没有上帝,没有空洞的主体去打扰雨的那份美妙的宁静,那份令人心旷神怡的不在场。下雨这件事就是一个简单的"如此这般"(So)。它是如此平淡,以至于没有主体,没有"虚幻的"或"神秘的"Es[86],没有上帝在那里占位。

绵绵夏雨中,
青蛙至门前。

道家思想也努力从事物中去除所有行动特征。庄子笔下著名的厨师在解牛时,让手上的刀在关节之间已有的缝隙中游走。庄子试图将分解动物描绘成某件纯粹发生的事情,就好像这种毫不费力的切割也是过多的动作一样。因此,庄子笔下的厨师实际上只是引发了这头牛仿佛自行解体一般。牛的各个部分如同一堆土块纷纷落地("謋然已解,如土委地",《庄子·养生主》)。有趣的是,"謋然"是一个拟声词,它模仿的是物体碎裂时发出的声音。这种声音指向的是事件。它将分解行为转化成一个无主语的事件。在这头牛仿佛自行解体后,厨师环顾四周,站在那里,仿佛忘记了自己("为之四顾,为之踌躇满志")。他自己也对这件几乎没有经过自己的干预就发生了的事情感到惊奇。显然,他的心情和《徒然草》的作者一样怪异。

有趣的是,日语中表示"发生"的动词形式也被用作敬语(Honorativ),用作礼貌形式(sonkei,日语:尊敬)。但是,对于为什么"没有行动的事件"会和"尊贵"(Vornehmheit)联系在一起,并没有令人信服的解释。一位德国的日本语言文学学者[87]猜测,主人的高贵之处在于他有仆人,他把工作交给他们,所以他不自己动手做,而是让仆人们去做。这种解释很难令人信服。人们毋宁相信,这般没有意图的事件本身有其高贵之处,相反,主动性或行动主义并不给东亚人以高贵之感。因为,高贵的是事件背后的回撤、消失和退隐,该事件是在没有任何目的、任何干预、任何意志、任何对行动的强调下自然而然发生的。因为，高贵的既非主人也非其仆人。工作和让（别人）工作都遵循行动的逻辑。高贵的恰恰是超越了主仆辩证法的东西。主体的本意既是主人，也是仆人，既主动也被动。法语中的 *sujet à...* 意为"从属的"。人们可以说：主体是一个认为自己是主人的仆人。甚至在佛教中，高贵的也会是逃离这种主体性妄想。不在场是佛家的理想，是一种救赎公式。逃避是救赎。"作为"与"执着"都是苦。救赎意味着摆脱"业"（Karma），其字面意思就是"作为"或"行动"。

有一天，孔子对他的弟子们说："我宁愿不说话。"子贡说："如果老师不说话，我们学生要记录什么呢？"夫子说："天说什么话了吗？四季照样运行，万物照样生长。天说什么话了吗？"[1][88]孔子之所以沉默，不是因为他想要达成那些无法言说的东西，那些无法诉诸语言的神秘。如果孔子打算保持沉默，并不是因为语言可能因其表述事物时力有不逮而名不副实，而是语言的过度，甚至是喋喋不休，使语言失去了声誉。孔子的沉默不是为了超越（这种超越跨过了语言的

---

1 《论语·阳货第十七》："子曰：'予欲无言。'子贡曰：'子如不言，则小子何述焉？'子曰：'天何言哉？四时行焉，百物生焉。天何言哉？'"

内在性），没有任何超越语言内在性的超越，因此只有沉默才能满足这种超越。顺便说一句，中国人的天并不是指超越，它没有神学的深度。孔子的沉默中没有将其向超越的方向拉扯的离心力。孔子并非为了一种坚决避开语言的在场而逃离语言，对于这种在场来说，所有的语言表达无异于背叛和强暴。孔子的沉默不是雄辩的沉默。他恰恰要回避一切雄辩。

语言所逃避的难以言说的东西并不是东亚的思想。相反，它在西方话语中却非常普遍。例如，为了那仅仅"可歌的残骸"（Singbarer Rest）而放弃语言，策兰或海德格尔就有可能这么做。唯有沉默才能公正地对待那些带有明显形而上学、美学，或者——比如在列维纳斯那里——伦理印记的神圣的残余。针对列维纳斯理论中什么话都不说的他者，德里达评论道："倘若人们留在列维纳斯的意思里面，一种没有语句、什么也不说的语言又可能给他者提供什么呢？……一个对自己禁止了语句的大师恐怕不能给予什么；他不可能会有弟子而只会有奴隶。"[1][89]孔子的弟子不是奴仆。他通过沉默而让弟子们思考。禅师也以沉默寡言闻名。弟子

---

1 译文引自德里达：《书写与差异》，张宁译，生活·读书·新知三联书店，2001年，第263页。

因为师父坚决拒绝开口而有所领悟的情况并不罕见。禅师喜欢使用简洁的、通常是意义空洞的话语。他们的沉默是空的，没有指向任何东西。禅宗佛教在语言上的减省也并不是为了一个难以言说的、神秘的存在。人们放弃语言，不是因为"太少"，而是因为"太多"。说话是以与正在发生的事情的距离为前提的。它使逃避（Entkommnis）成为一个事件（Vorkommnis），而抛弃了事件的即时性。天不说话，并不意味着它在其深不可测或神秘莫测中退隐到神秘的沉默中。天不说话，因为他（人们可能会说"它"）不需要说话。相反，西方的或说基督教的天是非常雄辩的。中国的天既不滔滔不绝，也并非一言不发。正是这种"如此"简单使语言变得完全多余。东亚文化不是一种神秘或谜题文化，而是一种"如此存在"的文化。东亚思想是一种特殊意义上的乏味。它并不深究无法言说的东西。那里并没有幽暗深渊，需要人们用到形而上学或者心理分析来探究。

孔子沉默，但他不隐瞒任何事。他的沉默也是空的。在沉默中，他回到了不在场的状态。此中包含着他的善意。普通的沉默因其否定性而不友善。孔子的沉默没有否定性。汉德克在笔记中写道："难道意识不需要我的沉默吗？它不是只有在我可亲的沉默中才会复活吗？'他亲切地沉默着'：好棒的说法！友善的沉默，直到它充满整个世界：理想。"人们也可以说：我友善地沉默着，直到我被世界完全充满。孔子友善地沉默着。友善的沉默是一种不在场和逃避的状态。人们用沉默驱逐了自我从而成为世界。孔子的天变得沉默不语。这种沉默是无限的，消除了"我"与世界、主动与被动、主体与客体之间的分别。他的友善就存在于这种无分别中。

我是"发生"的一部分。我不参与其中，既不"拿取"（teil-nehme）也不"拥有"（teil-habe）[1]其中的部分。在"参与"（Teil-Nahme und Teil-Habe）这边，在"拿取"与"拥有"（Nehmen und Haben）这边，我是一个部分（Teil）。我是大海的可见性的一部分。通过我，大海显现出来。与其说参与，不如说"共担"（Mit-Teil）。我在发生的事中与之共同分担了一部分。在发生的事中，人们无法确定谁住在中心，谁住在周围，谁是事件的主人而谁是它的仆人。该事件不允许中心视角。没有人能进驻一个位置，从那里审视这个事件。事件的每一个元素都是平等的"共担"。如此一来，每个共担都可以形成中心。

---

[1] 德语动词 teilnehmen 和 teilhaben 均为"参与"之意，从单词的构成来看，Teil 为"部分"，nehmen 为"拿取"，haben 为"拥有"。

当我用韩语说 Bada-ga-bo-in-da，那种我一再感受到的放松可能就回落到"我"的不在场（一切都是以此为出发点），回落到"无人状态"（Niemandigkeit），而在这句话的德语译文"我看见大海"中，一种宁静却仿佛完全消失了。

对于亚洲人的美学感受来说，退隐至无主体状态、不强调"作为"的作用而发生的事件，不仅高贵，而且最重要的是美丽。强调主观行动是典型的西方思维模式。比如黑格尔就在他的《精神哲学》（1805/1806）中写道："这个人就是黑夜……这边突然冒出一个血淋淋的脑袋，那边又突然冲出一个白色的身影，又突然消失了。当人们直视这个人的眼睛，便是深深凝视着那变得可怕的黑夜；世界之夜在人们对面荡荡悠悠……将图像从这黑夜中拉出或让它们坠落的力量：自我设定、内心意识、行动……"[90] 那是一种将黑夜化为白昼，将黑暗化为光明，将混乱化为图景、化为造型的力量。它指向的是一个英雄式自我的行动主义，它在行动中设定自我、实现自我。尼采也很难超越行动去思考。毕竟，他曾试图去思考没有行动者的行动："……在'作为'背后并没有一个'存在'……'行动者'只是被想象附加给行动的——行动就是一切。……自然科学家也不强似常人，他们说，力在运动中,力是始因。我们的全部科学,虽然是极为冷静的、排除了情绪干扰的,但却仍然受着语言的迷惑,而且始终没能摆脱那些强加上去的替换外壳,即所谓'主体'。"[1][91] 尽管尼采有先见之明,但他无法从行动和权力哲学转向事件哲学。这就是为什么他仍然是一个西方思想家。逃避或不在场对尼采来说终究还是完全陌生的。从他的权力哲学和意志哲学可以看出,他的思想在很大程度上与主体性相关。

世界是一个动词,更准确地说,是一个不定式,一个在许多方面都是无限的事件,是不定的、积极表达的,指向一个无穷无尽的转变过程。汉语动词在人称、时态和单复数方面也是不定的。它不进行变位。中国的思想和语言都不知道谓语动词的决断作用。汉字可以用作名词、形容词、动词或介词,这取决于它的位置。一个字可以在动词和介词之间转换。在东亚语言中,形容词也具有独特的身份。它经常被用作动词。人们可以这样表述:形容词不是名词的某种属性,不是某个基础实体的偶性(Akzidenz)。它更多是属于整个事件的、属于动词的一种特定状态。人们也可以说,名

---

[1] 译文参照尼采:《论道德的谱系》,周红译,生活·读书·新知三联书店,1992年,第28~29页。

词、形容词和副词都是事件,即动词的"共担"。如此一来,人们就有可能让不带有任何进一步限定的不定式独立存在。看到动词处于这样一种不限定的甚至可以说是纯洁的状态中,是非常舒适的。无论主动强制还是被动强制,无论行动(Aktion)还是遭受(Passion),无论犯罪还是赎罪,也无论施害者还是受害者,它一概不知。一些俳句的魅力也正源于这种无为的事件:

> 于鸭翅膀上
> 积着柔柔的白雪;
> 啊,那份静谧。
>
> 不见任何人
> 在春天,就像镜后,
> 镌刻的梅花。
> ——松尾芭蕉

无欲无求、不知不觉地沉醉于不在场之芬芳中,飘然退隐,做一个不在场者,无我,无名,沉浸于"空"之风景,只做风景中的一份"共担",这也许就是很多东亚诗人的理想。

> 问余何意栖碧山,
> 笑而不答心自闲。
> 桃花流水杳然去,
> 别有天地非人间。
> ——李白

海德格尔虽然一再受到东亚思想的影响,但在许多方面,他仍然是一位西方思想家,一位本质哲学家。他的沉默也是雄辩的。沉默正在通往"被遮蔽之物"的途中,在通往逃离话语的"源始"的途中。因此,真理必须通过沉默才能获得。海德格尔《在通向语言的途中》一书有一段名言:"词语崩解处,'存在'(ist)出现。在这里,'崩解'意味着:说出的词语返回到无声之中,返回到它由之获得允诺的地方中去,也就是返回到寂静之音中去……"[1][92] 虽然海德

---

[1] 译文参照海德格尔:《在通向语言的途中》,孙周兴译,商务印书馆,2016年,第233页。

"空"之风景

雪舟等杨（Sesshû Tôyô, 1420—1506）:《泼墨山水》
（*Haboku-Landschaft*），约1481年，木刻版画。

格尔经常使用"道路"这一形象,但他的道路与道家之道不同。"林中路"在"不可行"处"戛然"而止。他们探究"那自弃于不可通达之中的地方"[93]。道家之道不知道这种突然性或深度。它不会退回到"不可行"或"不可通达"之中。道是一种行走的姿态。它逃避确定,只因它不断改变自己的路线。黑暗与光明、遮蔽与无蔽、敞开与隐匿[94]的辩证法不是道的基本特征。

海德格尔不是"道"之哲学家。他围绕的是"存在"。因此,他将存在与安宁、静谧和持续联系在一起。构成道的是过程和变化,而这些并不是存在的本质特征:"逗留意味着延伸,寂静持存,自在而且听着,也就是说,在宁静中。歌德在一个美丽的诗句中写道:'小提琴停顿,舞者静存。'然而,逗留、持续和始终持续,只是'存在'这个词的古老意义。"1 [95]另外,海德格尔思想中退隐于被遮蔽状态的存在,未能把握"如此存在"的内在性,而这种内在性主导着东亚思想。这种"如此存在"比海德格尔的存在更平淡、更日常。

---

1 译文引自《海德格尔文集:根据律》,张柯译,商务印书馆,2016年,第270~271页。

> 昨日如昨，今日如今。日升月落，始而复终。远山巍巍，深水淙淙。[96]

在《根据律》中，海德格尔引用了安格鲁斯·西勒修斯（Angelus Silesius）的话："心灵，它寂静地依据于神，如同祂所意愿的那样，它乐于被神所触拂：它是神所演奏的琉特琴。"[1][97] 没有上帝，没有神圣的演奏者，心就没有音乐。在该书另一处，海德格尔赋予莱布尼茨的话"当神计算，就有了世界"一个独特的说法："当神演奏，就有了世界。"[2][98] 上帝演奏。他演奏出的音乐就是世界。说到底，计算中的上帝和演奏中的上帝没有多大区别。即使是神圣的演奏者，也有太多的行动，太多的主观性。他并没有不在场。庄子之琴不是上帝之琴。它有一个特别之处。只有当演奏者下台、无人在场时，它才发出声响。无须演奏者，也无须神性或人性主体的精湛技艺，无须被任何人触拂，它便流淌出空前美妙的不在场之声音和迷人的不在场之香气。

---

1 译文引自《海德格尔文集：根据律》，第142页。

2 译文引自上书，第240页。

Gruß und Verbeugung–Freundlichkeit

问候与鞠躬
——友善

我举起手来,向灌木丛中的小鸟表示问候,并在手掌中感受到小鸟的形状。

——彼得·汉德克

"问候"(grüßen)一词(古高地德语:gruozen)有一个非常有趣的词源。根据其词源,它是绝对不友善的。它最初的意思是"促使交谈"、"挑战"、"打扰"或"攻击"。gruozen与哥特语中表示"喊叫"和"促使哭泣"的gretan有亲缘关系。有趣的是,gruozen是一个拟声词。它听上去很粗糙,且带有喉音。人们怀疑gruozen和同样是拟声词的Groll(抱怨)之间有着相近的词源。[99] 问候者最初一定是猛烈地发出一种类似于恐吓声的低沉的、带有喉音的声响。

此外，gruozen 也与另一个拟声词有着惊人的相似之处，即古高地德语中的 grunnezzen（9 世纪德语：grunnizon），它有"发牢骚"或"抱怨"之意。形容词 grunnezig 意为"愤怒的"或"抱怨的"[100]。grunnezzen 在新高地德语中为 grunzen。通过这种发音的相似性人们可以看出，"问候"的谱系学无法证明它有高贵的起源。

有可能是另外一个人首先对我的此在（mein Dasein）形成一种恐吓和危害。如此一来，他就令人不安。或许 gruozen 的这种喉音就是对来自他者、来自其他人之源始威胁的直接反应。我通过猛烈地发出带有喉音的恐吓声而向他者挑战。我问候他。只有当他通过屈服于我而完全放弃其"相对"（Gegenüber）时，他身上那种令人不安的气息才会消失。黑格尔的《精神现象学》中，仿佛两个原始人，即主人和仆人首次相遇的远古场景，便是一个问候的场景。这一场景是以一种带有攻击性和挑衅意味的问候为开端的。黑格尔写道："他们……必须互相伤害；每个人，在其生存的单一性（Einzelheit）上，将自己设定为一个排他的统一体（Totalität），这必须成为现实；这种冒犯是必要的。"[101] 第一个词不是友善的词。每个人都用恐吓声宣示对整体的要求。如此一来，战斗就不可避免了。出于对死亡的恐惧而屈从于他人的人，就成为其仆人。勇敢无畏、宁死不屈的人便成为他的主人。主人不会友善地问候仆人。相反，主人必须向仆人施加一种潜在的、永久的威吓，使其继续做他的仆人。获得统治权的人，在他者之中延伸自我。对他来说，他者是不存在的。他者不坚持自我。他只是执行我的意志。他是我的仆人。他只是我的连续体。如此一来，我便在众多他者之中得以延伸。面对他者，我的自由曾短暂受到质疑，但这种权力恢复了我的自由。尽管有他者，但我还是我，我完全不受阻碍地居于自身。

问候有一个独特的谱系。发生在它之前的是一场战斗，一种发音势必与 grunnizon 极其相似的、带有挑衅意味的 gruozen。问候的谱系指向那伤害、战斗、屈服和统治的场景。gruozen 是恐惧、惊吓和防御的源始发音。黑格尔关于主人和仆人的辩证法最终导致了相互承认。它描绘了人与人之间的戏剧性：从战斗到他者的屈服，并最终导致彼此承认，或说气氛缓和为友善的问候。只有彼此承认才能将带有喉音的 gruozen 转化为 Gruß（问候），虽然它听起来还不是十分悦耳，但至少让他者知道，他并没有令我不安，我承认他的"相对",我一定允许他在其"相对"中发挥作用。

问候以对话的方式(dialogisch)缓解了人与人之间导致战斗与屈服的张力。辩证法(Dialektik)是一个对话式的调解过程,它将带有挑衅意味的gruozen缓和为Gruß。对话是人与人之间的二元关系。对抗性的张力不会通过对"相对"的否定而被消除。问候的基础就是有一个"相对"。导致了和解与承认的对话式的调解,消除了"相对"身上对抗的尖锐性。

海德格尔也从承认之对话性方面来思考问候。在其关于荷尔德林《追忆》("Andenken")的讲座中有一小段,海德格尔简短地论及问候现象。他说,"真正的问候"是一种赞许,它赋予被问候者以对其本己之本质的赞许,以此承认在其本质中的被问候者,并通过这种承认让被问候者是其所是。[102] 问候的友善性就在于这种让别人是其所是,或说面对他者时的泰然之中。问候首先是一个本质的事件。此处,海德格尔曾大谈本质:"每一个存在者都首先应有的东西就是本质,从本质中它才是其所是。"[103] 在彼此问候中,参与问候之人的本质以对话的方式呈现出来。本质是一种"双向-挑选"(dia-legein)。互相问候的意思是帮助对方获取本质。问候是一个承认之事件。问候他者意味着承认在其本质中的他，也就是说在其所是中的他、在其人格中的他。被问候者的本质、人格都被辨认，甚至被问候了。人们也可以说，问候让被问候者特地在场。问候也是一个区分的事件，问候者在其各自的本己之本质中告别。因此，问候不会带来融合之切近。相反，问候者用问候将被问候者送至遥远处，送至其本质之他性处："真正的问候中甚至隐藏着那种神秘的严格性，每一次都是通过这种严格性，互相问候的双方被送至其本己之本质的遥远处，并被这本质庇护起来。"[104]

对话并不谋求融合。它总是发生于一种区分着的、调解着的中间状态（Zwischen）。融合恰恰会使这种对话式的中间状态消失。"真正的问候"总是守护着一种刻在中间状态里的"遥远"。中间状态确保了对话式的往与来，即独立的本质之间的"过渡"，本质作为人居于中间状态里："然而，单单是这份遥远也确保了从一个人到另外一个人过渡的那些瞬间。真正的问候是这种过渡的一种方式。"[105] 遥远和中间状态不仅仅会通过融合而消失，也会通过对他者单方面的占有而消失。海德格尔所说的"真正的问候"让他者在其遥远中，在其本质之他性中存在，它放弃利用他者，从这一意义上来说，它是一种友善的问候。对话式的友善正是基于这种弃绝："问候是向被问候者伸出手，去触碰……但并未触碰到；是一种抓握，但又永远不需要'抓住'，因为它其实也是一种放手。"友善即泰然处之。

向他者发出 gruozen 并向其挑战的人，是想将自己设定为一个排他的统一体。他把一切都据为己有，而他者不必是任何事物。因此，那种整体是排他的。在这样一种整体中，他者只能做仆人，实施我的意志，从而将我延展。海德格尔所说的"真正的问候"是对这种具有挑衅意味的 gruozen 的颠覆。谱系学常常是一部反转史。海德格尔本人并没有充分意识到那种辩证法，那部关于承认的漫长历史，这种辩证法和历史导致了对话式的问候从远古的敌意转向友善。他既没有从辩证法角度也没有从谱系学角度去思考。从谱系学上看，"本真的"（Echte）很有可能是比较晚的、派生的被调解之物，它被当作"源始之物"而省略掉了。"本真的"问候与其谱系上的源头相距甚远。在最初的 gruozen 中，一个人试图将所有的东西据为己有，与此相反，友善的问候者"自身一无所求"。他只关心他者。他给予被问候者一切他应该有的东西,即其本质:"假如问候者真的谈及自己,并且在某一方面必须要谈及自己,他所说的刚好就是,他自身无诉求,而是给予被问候者一切,即在问候中应允他的一切。这就是被问候者作为他自己应有的一切。"

问候的友善性基于承认他者、充分让他者是其所是、让他者在场之对话性。问候发生的空间内充满对话的张力,张力多到该空间成了一个对话的内部空间。对话空间几乎溢满。它被本质所填满。内在性的拥挤、目光的拥挤、人的拥挤、话语的拥挤都产生了。在对话中,人们要求彼此特地在场,用其在场将空间填满。特地在场可以说是对话的前提。

问候要求人们与作为一个"我"的他者相对而立,直起身来对着一个人。他首先是在目光中表现出来。问候回应他者的目光。说得稍微夸张一点,东亚文化是一种没有目光的文化。目光即他者。在日本,直视对方的眼睛被认为是不礼貌的。拥挤的人潮,这或许是很多东亚大都市的特色,但并不给人以压抑之感,就是由这种"无目光现象"造成的。缺失的目光为异常拥挤的大都市罩上了一层空与不在场。

问候是挺直的,它的姿态是相对而立。站立、持续或自立，在这自立之中"我"遇见他者，经受他者，或者也承认他者，这些是本质的基本特征。日式的鞠躬呈现的是一种反向运动。它将人屈折至不在场。它不是对话式的事件，这在问候者彼此不看对方的眼睛这一点上已经有所显示。鞠躬首先就会使目光消失。唯有彼此注视的目光才能开启对话的空间。鞠躬的瞬间，人们没有望向任何地方。这凸显了无、空以及无分别，目光就沉没在这无分别中。

在深鞠躬的情况下，身体的姿势已经和"相对而立"，和"对话式的姿态"相对立了。相互鞠躬者共同组成了一个平面，这个平面仿佛将人与人之间的相对抹平了。它将自我的站立平整（einebnen）为不在场。相互鞠躬者共同构成的平面通常并不是由直线组成的。人们并非直接冲着对方鞠躬。相反，深深弯折的身体所形成的延长线是相交的。这种交叉最终消除了人与人之间的相对。人们并非在他者面前鞠躬，而是向"空"鞠躬。

谁在问候谁？无人问候。无人问候无人。深鞠躬将人平整为无人。罗兰·巴特在他的日本见闻录《符号帝国》中也提出了"谁向谁致敬"的问题，并回答道："这里，致敬脱离了所有屈辱或虚浮，因为严格来说，这个致敬不针对任何人（il ne salue personne）。"[1][106] 日本人的鞠躬不与任何人相对。由于缺少相对，也就没有屈服。让深鞠躬显得屈辱的正是西方的"人"之神话。让西方观察家困惑的是，这里的屈服是双向的。谁制服了谁？谁又屈服于谁？恰恰是这种相互交替的服从消除了屈从关系。

相互鞠躬者不会像在对话式问候中那样彼此离开至"其本己之本质的遥远处，并被这本质庇护起来"。相反，他们彼此离开至不在场。通过深鞠躬，人们否定了自己。人们鞠着躬退回至不在场。人们要做的是不在场，而不是为彼此在场，帮彼此找到本质。深鞠躬的空间性也并非切近。它恰恰是让双方保持距离。他们不会彼此靠近。对自我的消除也并未导致与他者的融合。深鞠躬维护了一种中间状态。但这个中间状态既非"间"（Inter）也非"交互"（Dia）。它既不是被人际间地，也不是被对话式地占据。它更多是一种"空"。不在场的目光就已经将深鞠躬的空间去对话化、清空为一个空的"中间状态"。

1　译文引自《海德格尔文集：根据律》，第270~271页。

无人问候

伊泽贝尔·克龙比（Isobel Crombie）:《写真——19世纪日本工作室摄影》（*Shashin. Nineteenth-Century Japanese Studio Photography*），墨尔本，2004年，插图24。

向谁鞠躬？

出自《日本》(*Japan*)，克劳斯·艾泽勒（Klaus Eisele）编，斯图加特，2003年。编号：113。版权所有：克劳斯·艾泽勒。

鞠躬的语法既不知道主格也不知道宾格，既不知道制服他人的主体也不知道被制服的客体，既不知道主动也不知道被动。它是没有屈折变化的。相互鞠躬恰好消除了"格"。"格"的不在场蕴含着友善。主格的"我"（Ich）站得笔直，深鞠躬不会将主格屈折成宾格。列维纳斯的他者伦理学——该伦理学就其本身而言既脱离了自由伦理又脱离了对话伦理——虽然试图彻底离开在其身份中被置于主格的"我"，但是却使用了一种暴力的弯曲。主格被屈折成了宾格："其实，与其说是一个在其同一性中被置于主格的'我'，毋宁说从一开始就是被强迫……：就像它在宾格中一样，从一开始就承担责任，无从逃避。"[107] 他将我屈折成为人质。如果没有这种暴力的弯曲，"我"就会再次挺立为不可弯曲的主格。友善的伦理学不仅离开主格，也离开宾格，甚至是"格"本身。它也离开对话的内部，进入不在场的空间，进入既不被"我"占据也不被他者占据的空的中间状态。

深鞠躬是基于这样一个决定：将人的棘手的相对平整为无分别，而不是以对话的方式去缓和它。它不会在人与人之间进行调解，不会让任何人与任何人和解。它更多是将双方清空、去内在化为不在场者。在日本，鞠躬无疑遵循一种微妙的礼貌准则，一个社会的等级制度也刻入其中。但它包含了一个非常佛教化的结构要素，如果没有佛教的空的理念，这是无法想象的。佛教是一种不在场的宗教。佛教的空将本质清空为不在场。因此，它不知道上帝这一可能是本质的最高形式。本质是区分的，产生分别。这种可以从主动意义上理解的不在场，则从分别中打造出一种无分别。它否定分别。《碧岩录》[108]中的第68则公案将这种不在场的运动表达出来：

> 仰山惠寂禅师问三圣惠然说："你的名字叫什么？"三圣说："我的名字叫惠寂。"仰山说："惠寂是我的名字啊！"三圣说："那我的名字就叫惠然。"仰山哈哈大笑！[109]

这是一幕最纯然不过的禅宗佛教无分别之场景，充盈着不在场之芬芳。我就是你。这不是遵循本质逻辑的同一性之句，而是不在场之句。我就是你，因为没有同一性，没有本质强制（Wesenszwang）将你我区分。仰山的大笑笑走了所有分别。这里,从一个人到另一个人的过渡不是以对话的形式完成。相反,它发生于无分别,于空的中间状态。回归本己的名字"我是我"充满了不在场的气氛,它给了"我是我"一种舒缓的轻松和泰然。"我"失去了所有的终极性和僵滞状态。因此,"我就是我"在下一刻毫不费力地转化为"我就是你"。不在场允许这种平静、友善的过渡。在那个深鞠躬已成为信仰——不在场之信仰——的国度,仰山的笑声久久回荡。

注　释

[1] 戈特弗里德·威廉·莱布尼茨（Gottfried Wilhelm Leibniz）：《哲学文集》（*Die Philosophischen Schriften*），格哈德（C. I. Gerhardt）编，柏林，1890年，第7卷，第289页。

[2] 海德格尔：《林中路》（*Holzwege*），见《海德格尔全集》，第5卷，第1部分，法兰克福，1977年，第35页。

[3] 海德格尔：《讲话与生平证词（1910—1976）》（*Reden und andere Zeugnisse eines Lebensweges 1910—1976*），见《海德格尔全集》，第16卷，第1部分，法兰克福，2000年，第563页。

[4] 中国文字"淡"除了表示味道寡淡之外，还有"淡泊"或"冷淡"之意。因此，人们可以将其翻译为 abwesend（不在场）。这样，"游心于淡"就可以翻译为：Laß das Herz in Abwesenheit wandern.（"让心在不在场中漫游。"）

[5] 弗朗索瓦·于连（François Jullien）在很大程度上将佛教排除在他眼中的中国之外。按照他的说法，起源于印度思想的佛教是"形而上学"的。其观点是佛教与中国人的思维有着根

本的不同，这一观点很有问题。他认为，佛教的"空"意味着"不存在"（Nichtexistenz），属于"存在"与"不存在"（Sein und Nicht-Sein）的"形而上学"范畴，而道教的"虚"则是指那种功能性的、使功效得以完全发挥的"敞开"（Offenheit）。于连对佛教的看法笼统、片面得令人惊讶，在探讨佛教之"空"的时候谈什么"印欧"形而上学已经很成问题了。古印度佛教哲学家龙树（Nagarjuna，亦称龙树菩萨）深受大乘佛教的影响，他的"空哲学"恰恰是反形而上学的。它将所有形而上学的设定都导向虚无。众所周知，佛陀本身拒绝参与纯形而上学的问题，如关于世界起源或灵魂不灭的问题。在这一点上，他与据说拒绝探索被遮蔽之事物的孔子极为相似。有趣的是，于连一边视佛教思想为印欧体系之物，将其排除在他眼中的中国之外，一边却又将普罗提诺、奥古斯丁或康德等深受基督教影响的欧洲思想家树立为中国思想家的对立面。基督教本身的起源也并非"希腊的"或"印欧的"。然而，脱离了基督教，人们又如何理解欧洲呢？

[6] 道元（Dôgen）:《正法眼藏随闻记》（*Shôbôgenzô zuimonki / Unterweisungen zum wahren Buddha-Weg*），海德堡，1997年，第168页。

[7] 庄子:《南华真经》（*Das wahre Buch vom südlichen Blütenland*），卫礼贤（Richard Wilhelm）译，杜塞尔多夫/科隆，1969年，第7页。

[8] 在《老子》第55章中，老子用一幅相当露骨的画面来说明一种没有欲望的纯粹生命。他谈到男性的生殖器官（"朘"），在不了解任何性别差异的情况下挺立。因为这一露骨的表达，

这段话很少被直译出来。比如基督教传教士卫礼贤就是这样翻译的："他（婴孩）对于男女之事一无所知，但却气血激荡。"（《道德经：意义与生命之书》，慕尼黑，2005年，第67页）

[9] 临济义玄：《心猿：临济义玄禅师语录》(*Das Denken ist ein wilder Affe: Aufzeichnungen der Lehren und Unterweisungen des großen Zen-Meisters*)，伯尔尼/慕尼黑/维也纳，1996年，第160页。

[10] 道元（Dôgen）：《（道元禅师）正法眼藏》(*Shôbôgenzô [Master Dogen's Shobogenzo]*)，西嶋愚道和夫、克洛斯（Gudo W. Nishijima u. Chodo Cross）译，第3卷，伦敦，1997年，第226页。

[11] 庄子：《南华真经》，第232页。

[12] 最著名的例子就是车轮与容器："三十辐共一毂，当其无，有车之用。埏埴以为器，当其无，有器之用。凿户牖以为室，当其无，有室之用。故有之以为利，无之以为用。"（《老子》第11章）

[13] 弗朗索瓦·于连：《功效论》(*Über die Wirksamkeit*)，法兰克福，1999年，第155页。

[14] 同上书，第160页。

[15] 同上书，第232页。

[16] 于连对作用和功效的强烈关注本身可能来自欧洲。

[17] 庄子：《南华真经》，第99页。

[18] 同上书，第145页。

[19] 《圆悟禅师碧岩录》(*Meister Yüan-wu's Niederschrift von der*

Smaragdenen Felswand），威廉·贡德特（Wilhelm Gundert）译，第 1 卷，慕尼黑，1964 年，第 145 页。此处，弗朗索瓦·于连也试图让佛教远离中国思想。他认为，庄子避开了镜子的"神秘用途"，他对镜子的理解"全然不同"："镜子的力量在于接受，但不持有；它让一切从中穿过而不对其进行干预，从而反映出呈现在它面前的一切。它既不推拒，也不想保留；它任其在自身之中出现、消失，未曾对其进行任何记录。"［弗朗索瓦·于连：《滋养他的生命》（*Sein Leben nähren*），柏林，2006 年，第 156 页］于连对道家之镜的这番描述，恰恰特别适合用来刻画禅宗佛教中用于表现"无心"（das leere Herz）的镜子。于连没有解释禅宗佛教的神秘程度如何，与道教相比，它与西方的神秘主义传统又有多贴近。他提起的是临济禅师的名言："饥来吃饭，睡来合眼。愚人笑我，智乃知焉。"如此看来，禅宗佛教的圣人所关心的也是"腹"。"腹"大概并非神秘主义的器官。

[20] 约翰·戈特利布·费希特（Johann Gottlieb Fichte）：《论人的使命》（*Die Bestimmung des Menschen*），埃里希·福克斯（Erich Fuchs）编，汉堡，1979 年，第 32 页。

[21] 康德：《实用人类学》（*Anthropologie in pragmatischer Hinsicht*），《康德著作全集》（科学院版），第 7 卷，柏林，1907 年，第 234 页。

[22] 庄子：《南华真经》，第 29 页。

[23] die Welt in der Welt geborgen 是对庄子的"藏天下于天下"的字面翻译，我把它从卫礼贤的译文 die Welt (Geist) in der Welt geborgen 中抽取出来。庄子的原文中并未谈及 Geist（精神）。

[24] 庄子:《南华真经》，第 87 页。

[25] 同上书，第 52 页。

[26] 参阅韩炳哲:《禅宗哲学》(*Philosophieomo des Zen-Buddhismus*)第 4 章 "无住"，斯图加特，2002 年，第 82~95 页。

[27] 弗朗索瓦·于连虽然将佛教排除于中国之外，但他对中国式 "平淡"(Fadheit)的描述却颇具禅意:"'平淡'之季节是深秋，当菊花蒙寒霜而落：一年中最后一抹颜色淡去，而这种淡去是自行发生的，是简简单单的退隐。"[《淡之颂》(*Über das Fade - Eine Eloge*)，柏林，1999 年，第 108 页] 菊花飘落时令人心痛的魅力，或说 "消逝" 时的那份优雅，都不是道教的典型特征。于连甚至使用了 "不在场"(*l'absence*)和 "放弃"(*l'abandon*)等字眼，根据他的中国印象，这些字眼可都不会是中国本土的:"秋天总是如此：随着这种清晰的召唤，氛围……越来越被不在场所笼罩，种种迹象都呼求着荒凉萧索。"(第 137 页以下)

[28] 和许多平淡美学熏陶之下的诗人一样，李白来自佛教盛行的唐代。

[29] 松尾芭蕉(Matsuô Bashô):《奥州小道》(*Auf schmalen Pfaden durchs Hinterland*，又译《奥之细道》)，多姆布雷迪(Geza S. Dombrady)译，美因茨，1985 年，第 42 页。

[30] 《圆悟禅师碧岩录》，第 251 页。

[31] 即便是思考也不会走向终极的结论。东亚思想中蕴含着一种无分别意识。它害怕清晰的轮廓，回避终极性和无条件性。它更多致力于使分别保持摇摆状态，而非让它固化为二元对立的矛盾。缺乏终极性造就了东亚思想的友善。

[32] 黑格尔:《美学讲演录》(*Vorlesungen über die Ästhetik*),见莫尔登豪尔、米歇尔(E. Moldenhauer u. K. M. Michel)编《黑格尔著作集》(共 20 卷),第 14 卷,法兰克福,1970 年,第 332 页。

[33] 同上。

[34] 同上书,第 342 页。

[35] 同上书,第 333 页。

[36] 海德格尔在他的希腊之行中这样写道:"在陡峭的山坡上,强劲的海风中,矗立着白得发亮的神庙遗迹。仅存的几根石柱仿佛一把看不见的古琴上的琴弦,供海风抚动。得洛斯岛上眺望远方的神明让琴声在基克拉泽斯群岛上空回响。"〔海德格尔:《停留》(*Aufenthalte*),法兰克福,1989 年,第 26 页〕

[37] 黑格尔:《美学讲演录》,第 337 页。

[38] 同上书,第 332 页。

[39] 同上书,第 335 页。

[40] 参阅久松真一(Hisamatsu Shin-ichi):《禅的艺术》(*Kunst und Kunstwerke im Zen-Buddhismus*),见大桥凉介(Ohashi Rôysuke)编《京都学派哲学和禅宗艺术作品》(*Die Philosophie der - Kyôto-Schuleunst und Kunstwerke im Zen-Buddhismus*),弗莱堡/慕尼黑,1990 年,第 236~249 页。

[41] 黑格尔:《美学讲演录》,第 392 页。

[42] 同上书,第 131 页。

[43] 康德:《判断力批判》(*Kritik der Urteilskraft*),见《康德著作全集》(科学院版),第 5 卷,柏林,1913 年,第 299 页。

[44] 吉田兼好（Yoshida Kenkô）:《徒然草》(*Tsurezuregusa; Betrachtungen aus der Stille*)，奥斯卡·本尔（Oscar Benl）译，法兰克福，1963年，第93页以下。

[45] 谷崎润一郎（Tanizaki Jun'ichiro）:《阴翳礼赞》(*Lob des Schattens*)，爱德华·克洛普费恩斯坦（Eduard Klopfenstein）译，苏黎世，1992年，第21页。

[46] Shôji 是人们在东亚地区使用的纸质拉门的日语名称。

[47] 谷崎润一郎:《阴翳礼赞》，第34页。

[48] 同上书，第39页。

[49] 同上书，第40页。

[50] 同上书，第29页以下。

[51] 参阅道元（Dôgen）:《(道元禅师)正法眼藏》(*Shôbôgenzô [Master Dogen's Shobogenzo]*)，西嶋愚道和夫·克洛斯（Gudo W. Nishijima u. Chodo Cross）译，第1卷，伦敦，1996年，第169页。

[52] 黑格尔:《伯尔尼阿尔卑斯山高地旅行日记》(*Tagebuch der Reise in die Berner Oberalpen*)，转引自卡尔·罗森克兰茨（Karl Rosenkranz）:《黑格尔传》(*Georg Wilhelm Friedrich Hegels Leben*)，柏林，1844年，第470~490页。此处：第483页。

[53] 柏拉图:《斐多篇》(*Phaidros*)，弗里德里希·施莱尔马赫译，264d（斯提法诺斯页码）。

[54] 参阅列子:《冲虚真经》(*Das wahre Buch vom quellenden Urgrund*)，卫礼贤译，杜塞尔多夫/科隆，1980年，第81页。

[55] 庄子:《南华真经》，第204页。

[56] 卫礼贤将"若正汝形"翻译为"掌控你的躯体",这是不恰当的。他多次提到的"掌控"(Beherrschen)一词在中文原文中根本没有被提及。例如,他将"王德之人"(字面意思为一个有着绝佳的智慧与品德之人,见《庄子·天地》)翻译为"一个如国王般掌控生命之人……"(参阅庄子:《南华真经》,第130页)。此外,这里的"王"是"旺"的意思。

[57] 黑格尔:《哲学科学百科全书》(*Enzyklopädie der philosophischen Wissenschaften*),莫尔登豪尔、米歇尔编《黑格尔著作集》(共20卷),第10卷,法兰克福,1970年,第416页。

[58] 黑格尔:《哲学史演讲录》(*Vorlesungen über die Geschichte der Philosophie*),莫尔登豪尔、米歇尔编《黑格尔著作集》(共20卷),第12卷,法兰克福,1970年,第119页。

[59] 康德:《未来形而上学导论》(*Prolegomena zu einer jeden künftigen Metaphysik, die als Wissenschaft wird auftreten können*),见《康德著作全集》(科学院版),第4卷,柏林,1903年,第262页。

[60] 康德:《什么叫作在思想中确定方向?》(*Was heißt: Sich im Denken orientieren?*),《康德著作全集》(科学院版),第8卷,柏林,1912年,第140页。

[61] 同上书,第137页。

[62] 海德格尔:《路标》(*Wegmarken*),法兰克福,1967年,第103页。

[63] 同上书,第102页。

[64] 海德格尔:《停留》,第28页。

[65] 海德格尔:《什么叫思?》(*Was heißt Denken?*),图宾根,

1971年，第169页。

[66] 海德格尔:《沉思》(*Besinnung*)，见《海德格尔全集》，第66卷，第3部分，法兰克福，1997年，第241页。

[67] 参阅《启示录》21.1："我看到了一个新天新地；因为先前的天地已经过去，海也不再存在。"（马丁·路德译）显然，不仅希腊人，犹太人也因为海洋的无形与深不可测而将其视为一种力量的象征，一种摧毁神圣的固定秩序的力量。

[68] 《奥德赛》中这样写道："我现在还要把那位老人的法术预先都告诉你。/ 那海中老人首先要检查海豹，点一点它们的数目，/ 五个海豹作为一排，他清点完了，/ 就像牧人睡在羊群里那样，躺在它们中间睡觉。/ 你们一看到他睡下，就要鼓起勇气，/ 拿出力量来，把他抓住，/ 他要挣扎想逃走的。而且他可以变出各种形状，/ 变幻成大地上各种生物，/ 以及流水和熊熊烈火。/ 可是你们要始终把他紧紧抓牢。/ 最后你看到他恢复原来形状，/ 愿意讲话了，那时你才可以停止使用暴力，把他放松，/ 问他是哪一位天神被得罪了，/ 问他怎样才能渡过鱼龙出没的大海，转回家乡。"［第4卷，第410行以下，安东·魏厄（Anton Weiher）译］

[69] 塞壬女妖们对奥德修斯喊道："停下船来，听听我们歌唱吧！/ 任何人坐着黑色船路过这里 / 都要听一听我们吟唱的美好歌曲。/ 他听完歌再走，就会增加许多知识。……/ 我们晓得在生长万物的土地上的一切事情。"（第12卷，第185行以下）

[70] 康德:《判断力批判》，第248页。

[71] 同上书，第257页。

[72] 庄子：《南华真经》，第 181 页。

[73] 这种无区隔状态并非混乱。混乱之概念以及混乱与秩序的二元对立对中国式思维来说是陌生的。

[74] 《十牛图：古代中国禅宗故事》（*Der Ochs und sein Hirte, Eine altchinesische Zen-Geschichte*），辻村公一（Tsushimura Kôichi）、哈特穆特·布赫纳（Hartmut Buchner）译，普富林根，1958 年，第 42 页。

[75] 尼采：《尼采遗稿，1888—1889》（*Nachgelassene Fragmente 1888—1889*），见《尼采全集》（考订研究版），第 3 卷，第 8 部分，纽约，1972 年，第 44 页。

[76] 尼采：《查拉图斯特拉如是说：一本写给所有人又不为任何人所写的书》（*Also sprach Sarathustra. Ein Buch für Alle und Keinen*），见《尼采全集》（考订研究版），第 1 卷，第 6 部分，纽约，1968 年，第 101 页。

[77] 同上书，第 283 页。

[78] 同上书，第 128 页。

[79] 同上书，第 291 页。

[80] 康德：《实践理性批判》（*Kritik der praktischen Vernunft*），见《康德著作全集》（科学院版），第 5 卷，柏林，1913 年，第 163 页。

[81] 分离（Scheidung）和区分（Unterscheidung）大概是希腊和西方思想的基本特征。巴门尼德式的"存在"本身就是"分离"的产物（希腊语：krinein）："引导巴门尼德的真理女神把他带到两条道路前面，一条是揭示之路，一条是晦蔽之路。这不过意味着此在一向已在真理和不真中罢了。揭示之

路是借'以概念方式加以区别'（krinein logo），也就是借有所领会地区别这两条道路并决定为自己选择其中的一条达到的。"（海德格尔：《存在与时间》，图林根，1993 年，第 222 页以下）

[82] 笛卡尔：《谈谈正确引导理性在各门科学上寻找真理的方法》（*Discours de la méthode. Von der Methode des richtigen Vernunftgebrauchs und der wissenschaftlichen Forschung*），吕德尔·格贝（Lüder Gäbe）编译，汉堡，1960 年，第 47 页。

[83] 笛卡尔：《哲学原理》（*Die Prinzipien der Philosophie*），克里斯蒂安·沃勒斯（Christian Wohlers）编译，汉堡，2005 年，第 137 页。

[84] 罗兰·巴特（Roland Barthes）：《符号帝国》（*Das Reich der Zeichen*），米夏埃尔·比朔夫（Michael Bischoff）译，法兰克福，1981 年，第 26 页以下。

[85] 吉田兼好：《徒然草》，第 5 页。

[86] 参阅海德格尔：《面向思的事情》（*Zur Sache des Denkens*，图宾根，1976 年，第 19 页）："然而这个'它'是什么意思？尽管语言学和语言哲学已经就此进行了大量的沉思，但是还没有找到一个可行的解释。这个在'它'中所指称的含义范围从无关紧要之事伸展到非凡之物。"显然，海德格尔很难完全告别主体的形象。在"它"中，他瞥见了一个仍然与古老的主体结构密切相连的非凡的超主体。

[87] 参阅布鲁诺·莱温（Bruno Lewin）：《日本语法概论》（*Abriß der japanischen Grammatik*），威斯巴登，1996 年。

[88] 孔子：《论语》（*Gespräche*），卫礼贤译，慕尼黑，2005 年，

第 168 页。

[89] 雅克·德里达:《书写与差异》(*Die Schrift und die Differenz*),鲁道夫·加舍、乌尔里希·克彭(Rodolphe Gasché u. Ulrich Köppen)译,法兰克福,1972 年,第 226 页。

[90] 黑格尔:《耶拿实在哲学》(*Jenenser Realphilosophie*),第 2 卷,约翰内斯·霍夫迈斯特(Johannes Hoffmeister)编,莱比锡,1931 年,第 180 页以下。

[91] 尼采:《论道德的谱系》(*Zur Genealogie der Moral*),见《尼采全集》(考订研究版),第 2 卷,第 6 部分,纽约,1968 年,第 298 页以下。

[92] 海德格尔:《在通向语言的途中》(*Unterwegs zur Sprache*),普富林根,1959 年,第 216 页。

[93] 海德格尔:《从思想的经验而来》(*Aus der Erfahrung des Denkens*),见《海德格尔全集》,第 13 卷,第 1 部分,法兰克福,1983 年,第 223 页。

[94] 海德格尔言及"踌躇之黑暗的困顿在期待之光芒中"(同上书,第 222 页)。

[95] 海德格尔:《根据律》(*Der Satz vom Grund*),见《海德格尔全集》,第 10 卷,第 1 部分,法兰克福,1997 年,第 186 页。

[96] 《十牛图:古代中国禅宗故事》,第 120 页。

[97] 海德格尔:《根据律》,第 118 页。

[98] 同上书,第 167 页。

[99] 参阅《德语词源词典》(*Etymologisches Wörterbuch des Deutschen*),柏林,1989 年,第 1 卷。

[100] 参阅约亨·施普勒特(Jochen Splett):《古高地德语词典》

(*Althochdeutsches Wörterbuch*),柏林/纽约,1993年,第1卷,第1部分。
[101] 黑格尔:《耶拿实在哲学》,第227页。
[102] 海德格尔:《荷尔德林的颂歌〈追忆〉》(*Hölderlins Hymne "Andenken"*),见《海德格尔全集》,第52卷,法兰克福,1982年,第50页。
[103] 同上。
[104] 同上书,第50页以下。
[105] 同上书,第51页以下。
[106] 罗兰·巴特:《符号帝国》,第92页。
[107] 伊曼纽尔·列维纳斯(Emmanuel Lévinas):《另外于是,或,在超过是其所是之处》(*Jenseits des Seins oder anders als Sein geschieht*),弗莱堡/慕尼黑,1992年,第190页。
[108] 正如译者卫礼贤所说,《圆悟禅师碧岩录》堪称东亚第一次活跃的禅宗运动的最佳佐证。
[109]《圆悟禅师碧岩录》,第105页。

附录　韩炳哲著作年谱

Heideggers Herz. Zum Begriff der Stimmung bei Martin Heidegger.
Wilhelm Fink, Paderborn 1996.
《海德格尔之心：论马丁·海德格尔的情绪概念》

Todesarten. Philosophische Untersuchungen zum Tod.
Wilhelm Fink, Paderborn 1998.
《死亡模式：对死亡的哲学研究》

Martin Heidegger. Eine Einführung.
UTB, Stuttgart 1999.
《马丁·海德格尔导论》

Tod und Alterität.
Wilhelm Fink, Paderborn 2002.
《死亡与变化》

Philosophie des Zen-Buddhismus.
Reclam, Stuttgart 2002.
《禅宗哲学》(陈曦译,中信出版社,2023年)

Hyperkulturalität. Kultur und Globalisierung.
Merve, Berlin 2005.
《超文化:文化与全球化》(关玉红译,中信出版社,2023年)

Was ist Macht?
Reclam, Stuttgart 2005.
《什么是权力?》(王一力译,中信出版社,2023年)

Hegel und die Macht. Ein Versuch über die Freundlichkeit.
Wilhelm Fink, Paderborn 2005.
《黑格尔与权力:通过友善的尝试》

Gute Unterhaltung. Eine Dekonstruktion der abendländischen Passionsgeschichte.
Vorwerk 8, Berlin 2006; Matthes & Seitz, Berlin 2017.
《娱乐何为:西方受难史之解构》(关玉红译,中信出版社,2019年)

Abwesen. Zur Kultur und Philosophie des Fernen Ostens.
Merve, Berlin 2007.
《不在场:东亚文化与哲学》(吴琼译,中信出版社,2023年)

Duft der Zeit. Ein philosophischer Essay zur Kunst des Verweilens.
Transcript, Bielefeld 2009; 2015.
《时间的香气:驻留的艺术》(吴琼译,中信出版社,2023年,即将出版)

Müdigkeitsgesellschaft.
Matthes & Seitz, Berlin 2010; 2016.
《倦怠社会》（王一力译，中信出版社，2019 年）

Shanzhai. Dekonstruktion auf Chinesisch.
Merve, Berlin 2011.
《山寨：中国式解构》（程巍译，中信出版社，2023 年）

Topologie der Gewalt.
Matthes & Seitz, Berlin 2011.
《暴力拓扑学》（安尼、马琰译，中信出版社，2019 年）

Transparenzgesellschaft.
Matthes & Seitz, Berlin 2012.
《透明社会》（吴琼译，中信出版社，2019 年）

Agonie des Eros.
Matthes & Seitz, Berlin 2012.
《爱欲之死》（宋娀译，中信出版社，2019 年）

Bitte Augen schließen. Auf der Suche nach einer anderen Zeit.
Matthes & Seitz, Berlin 2013.
《请闭上眼睛：寻找另一个时代》

Im Schwarm. Ansichten des Digitalen.
Matthes & Seitz, Berlin 2013.
《在群中：数字景观》（程巍译，中信出版社，2019 年）

Digitale Rationalität und das Ende des kommunikativen Handelns.
Matthes & Seitz, Berlin 2013.
《数字理性和交往行为的终结》

Psychopolitik: Neoliberalismus und die neuen Machttechniken.
S. Fischer, Frankfurt 2014.
《精神政治学：新自由主义与新权力技术》(关玉红译，中信出版社，2019年)

Die Errettung des Schönen.
S. Fischer, Frankfurt 2015.
《美的救赎》(关玉红译，中信出版社，2019年)

Die Austreibung des Anderen: Gesellschaft, Wahrnehmung und Kommunikation heute.
S. Fischer, Berlin 2016.
《他者的消失：现代社会、感知与交际》(吴琼译，中信出版社，2019年)

Close-Up in Unschärfe. Bericht über einige Glückserfahrungen.
Merve, Berlin 2016.
《模糊中的特写：幸福经验报告》

Lob der Erde. Eine Reise in den Garten.
Ullstein, Berlin 2018.
《大地颂歌：花园之旅》(关玉红译，孙英宝插图，中信出版社，2023年，即将出版)

Vom Verschwinden der Rituale. Eine Topologie der Gegenwart.
Ullstein, Berlin 2019.
《仪式的消失：当下的世界》(安尼译，中信出版社，2023年)

Kapitalismus und Todestrieb. Essays und Gespräche.
Matthes & Seitz, Berlin 2019.
《资本主义与死亡驱力》(李明瑶译，中信出版社，2023年)

Palliativgesellschaft. Schmerz heute.
Matthes & Seitz, Berlin 2020.
《妥协社会：今日之痛》(吴琼译，中信出版社，2023年)

Undinge: Umbrüche der Lebenswelt.
Ullstein, Berlin 2021.
《非物：生活世界的变革》(谢晓川译，东方出版中心，2023年)

Infokratie. Digitalisierung und die Krise der Demokratie.
Matthes & Seitz, Berlin 2021.
《信息统治：数字化与民主危机》

Vita contemplativa: oder von der Untätigkeit.
Ullstein, Berlin 2022.
《沉思的生活，或无所事事》(陈曦译，中信出版社，2023年)

Die Krise der Narration.
Matthes & Seitz, Berlin 2023.
《叙事的危机》(李明瑶译，中信出版社，2023年，即将出版)